Einfach gut gekocht

STECHLS STANDGERICHT

Einfach gut gekocht

mit Hans-Albert Stechl

SternwaldVerlag

Stechls Standgericht
Freiburg, SternwaldVerlag 2004 in Zusammenarbeit mit Rombach-Verlag, Freiburg
ISBN: 3-9808633-5-2
Bild- und Textnachweis: Hans-Albert Stechl, Freiburg
Titel- und Satzgestaltung, Druck und Verarbeitung: fgb · freiburger graphische betriebe
Verlag: SternwaldVerlag, Sternwaldstrasse 26, 79102 Freiburg

www.sternwaldverlag.de

Übersicht der Rezepte

Vorwort

„Stechls Standgericht", meine Kochkolumne, die seit fast drei Jahren alle 14 Tage am Samstag im Wochenend-Magazin der „Badischen Zeitung" erscheint, hat bei Leserinnen und Lesern ein vielfältiges und durchweg positives Echo gefunden. Alle bislang veröffentlichten Rezepte sind nun in diesem Kochbuch übersichtlich geordnet beieinander – ein immer wieder geäußerter Wunsch, denn das Sammeln der Zeitungsausschnitte wurde auf Dauer doch etwas umständlich.

Dass diese Kochserie so erfolgreich ist, lässt sich, wie ich meine, leicht erklären. Alle Rezepte folgen einer ebenso einfachen wie nützlichen Grundidee: Aus frischen Zutaten ein gesundes, preiswertes, leckeres Essen auf den Tisch zu bringen – und das ohne großen zeitlichen und technischen Aufwand in der Küche. Dabei lege ich – selbst begeisterter Hobbykoch – besonderen Wert darauf, die einzelnen Schritte der Zubereitung narrensicher zu beschreiben: Rezepte, bei denen einfach nichts schief gehen kann.

Deshalb hat es mich bei den vielen Reaktionen von Leserinnen und Lesern auch ganz besonders gefreut, dass nicht nur Routiniers am Herd mit meinen Rezepten etwas anfangen können. Auch Menschen, die sich in der Küche fast gar nichts zutrauen, haben wieder angefangen, mit Erfolg und Freude zum Kochlöffel zu greifen. So soll es sein: Der Spaß am Essen beginnt nicht erst bei Tisch, sondern schon in der Küche – genau genommen schon beim Einkauf. Denn wie bei nur wenigen anderen Dingen im Leben verbindet sich hier das Angenehme mit dem Nützlichen auf ideale Weise.

Viel Spaß beim Kochen und einen guten Appetit wünscht Ihnen

Hans-Albert Stechl

Gemüsesuppe

Einkaufszettel

für vier Personen:

- *Vier Pfund gemischtes Wintergemüse*
- *eine Zwiebel oder zwei Schalotten*
- *eine Knoblauchzehe*
- *ein Lorbeerblatt*
- *ein paar Pfefferkörner*
- *Salz, Muskat, Cayenne-Pfeffer*
- *schwarzer Pfeffer aus der Mühle*

Würzpaste:

- *150 Gramm frisch geriebener Parmesan*
- *eine Knoblauchzehe*
- *ein Spritzer Zitronensaft*
- *etwa fünf Esslöffel Olivenöl*

Eine frisch gekochte Gemüsesuppe ist eine kulinarisch tadellose Möglichkeit, ein bisschen auf die Kalorienbremse zu treten. Zudem sind Suppen jedweder Art rezeptfreie Lebenselixiere in ihrer schönsten Form. Ein Teller heiße Brühe hat schon manchen, der an einer Erkältung oder einem Kater gelitten hat, ohne weitere Arzneizugabe geradewegs wieder auf die Beine gestellt.

Diese Gemüsesuppe ist eine besonders raffinierte. Die Raffinesse kommt durch eine Art Würzpaste, von der ein Teelöffel voll in jeden Teller gerührt wird. Aber der Reihe nach und zunächst zur Gemüsesuppe selbst, deren Zubereitung ja wirklich ein Kinderspiel ist.

Die Grundlage bilden etwa vier Pfund frisches, kunterbunt gemischtes Gemüse, wobei Karotten, Lauch, Sellerie und Kartoffeln die unerlässliche Grundsubstanz darstellen. Alles andere ist Kür, wie beispielsweise Rosenkohl, Wirsing, Kohlrabi, Spinat, Fenchel oder was auch immer. Zunächst wird eine Zwiebel – oder, noch besser im Geschmack, zwei Schalotten – fein gewürfelt und in ein bisschen Olivenöl in einem Topf bei milder Hitze glasig angedünstet. Das gesamte Gemüse wird geputzt, in mundgerechte Stücke geschnitten, in den Topf zu den gedünsteten Zwiebeln dazugegeben und dann mit kaltem Wasser aufgefüllt, bis alles bedeckt ist. Man gibt noch ein Lorbeerblatt dazu, ein paar Pfefferkörner, eine geschälte Knoblauchzehe und lässt alles zusammen aufkochen und dann leicht blubbernd weiter köcheln. Wer mag, kann statt Wasser natürlich auch Hühner- oder Rindfleischbrühe nehmen. Damit wird die Suppe noch kräftiger. Aber unbedingt nötig ist das nicht. Auch das schiere Gemüse ergibt eine einwandfreie Suppe.

Welchen Garzustand das Gemüse zum Schluss haben soll, ist reine Geschmackssache. Manche mögen es mit Biss, andere sind so penibel, dass sie jedes Gemüse getrennt kochen, damit jedes den optimalen Garpunkt hat. Wieder andere lieben es völlig verkocht, wie beispielsweise die Italiener mit ihrer Ribollita, der „Wiederaufgekochten", bei der alles so lange auf dem Herd bleibt, bis das Gemüse derart vermust ist, dass man die einzelnen Gemüsebestandteile kaum noch auseinanderhalten kann. Und andere wiederum greifen sogar zum Pürierstab und machen eine sämig-gebundene Suppe daraus. In diesem Fall macht es sich gut, wenn zum Schluss noch ein Schuss Sahne oder saurer Rahm untergerührt wird. Wie gesagt: alles reine Geschmackssache. Als durchschnittliche Kochzeit – dann ist alles weich, aber noch nichts vermust – kann man von rund 25 Minuten ausgehen. Mit Salz, Pfeffer, Muskat und – wer Schärfe liebt – einer Spur Cayenne-Peffer wird abgeschmeckt.

Nun zur Würzpaste: Den frisch geriebenen Parmesan in eine Schüssel schütten, die Knoblauchzehe dazu drücken, ein Spritzer Zitronensaft kommt dazu, mit einer Gabel alles vermischen und dann das Olivenöl dazu geben und mit der Gabel weiter durchschlagen, bis alles zusammen gut verrührt ist und sich zu einer pastenartigen Konsistenz verbunden hat. Das ist in zwei Minuten erledigt. Übrigens: leisten Sie sich frisch geriebenen Parmesan aus dem Käsegeschäft. Der fertig geriebene aus den Streudose schmeckt oft dumpf, bitter und leicht ranzig. Das liegt daran, dass die Firmen Stücke von der Käserinde mit hinein reiben. Irgendwo muss der geringe Preis ja herkommen.

Wenn die Suppe in die Teller geschöpft ist, gibt man von der Würzpaste einen Teelöffel voll oder auch mehr in die Suppe, verrührt sie leicht, gibt noch etwas Pfeffer aus der Mühle oben drauf – und Sie werden sehen: aus der schlichten Gemüsesuppe ist eine kleine Delikatesse geworden.

Kalte Suppen

Einkaufszettel

für vier Personen:

- *Zwei 500-Gramm-Becher Kefir*
- *eine Salatgurke*
- *eine Knoblauchzehe*
- *zwei Esslöffel Olivenöl*
- *Salz, Pfeffer*

Für die Einlage:

- *200 Gramm Schafskäse (griechischer Feta)*
- *ein Bund frischer Dill*

Gazpacho:

- *Drei Scheiben Toastbrot*
- *800 Gramm Tomaten*
- *eine Salatgurke von etwa 400 Gramm*
- *eine große gelbe Paprika*
- *drei Knoblauchzehen*
- *Saft von einer halben Zitrone*
- *drei Esslöffel Olivenöl*
- *ein Esslöffel Essig*
- *ein Achtel Liter Wasser*
- *Salz, Pfeffer*

Für die Einlage:

- *100 Gramm Ziegenfrischkäse*
- *200 Gramm Joghurt*
- *ein Bund Schnittlauch*

Heiße Tage machen Lust auf kalte Suppen. Als Vorspeise sind sie ein wunderbar erfrischender Auftakt für ein leichtes sommerliches Menü. Bemisst man die Portionen etwas großzügiger und serviert noch ein Stück Brot dazu, hat man auch einen schmackhaften Imbiss gegen den kleinen Hunger zwischendurch.

Mein erster Vorschlag, eine Kefir-Gurken-Suppe, ist so ruck-zuck zusammengerührt, dass man dafür keine Viertelstunde Zeit in der Küche aufwenden muss. Die Salatgurke wird geschält, der Länge nach halbiert und dann werden mit einem Teelöffel die Kerne heraus gekratzt. Das Gurkenfleisch wird ganz grob gewürfelt und kommt – zusammen mit der geschälten Knoblauchzehe, dem Olivenöl, etwas Salz, Pfeffer und dem Kefir – in einen Mixer. Eine Minute durchmixen – oder in einer Schüssel mit dem Pürierstab bearbeiten – und ab in den Kühlschrank, wo die Suppe mindestens eine Stunde kalt gestellt wird.

Verfeinert wird die Suppe mit einer Einlage aus Schafskäse (griechischem Feta) und frischem Dill. Der Feta-Käse wird zerbröckelt und mit dem fein gehacktem Dill vermischt. Die Suppe wird vor dem Servieren noch einmal durchgerührt, mit Salz und Pfeffer abgeschmeckt und dann in Teller geschöpft. In die Mitte kommt jeweils ein Häufchen von der Feta-Dill-Mischung – fertig.

Etwas aufwändiger in der Zubereitung ist die spanische Gazpacho. Die Tomaten werden gehäutet. Dazu legt man sie eine halbe Minute in kochend heißes Wasser, dann lässt sich die Haut problemlos abziehen. Dann die Tomaten entkernen, so dass nur das schiere Tomatenfleisch übrig bleibt. Die Gurke wird geschält, längs halbiert, die Kerne werden mit einem Teelöffel heraus geschabt, dann wird das Fruchtfleisch in grobe Stücke geschnitten. Die Paprikaschote wird von den Kernen befreit und dann ebenfalls grob gewürfelt. Die Knoblauchzehen werden geschält.

Von den Toastbrotscheiben wird die Rinde abgeschnitten, dann wird das Brot gewürfelt (Richtmaß: die Größe eines Würfelzuckers). Das Olivenöl und das Wasser über die Brotwürfel geben, damit diese sich damit vollsaugen können. Dann werden die Brotwürfel zum Gemüse dazugeben. Salzen, pfeffern, den Zitronensaft und den Essig dazu gießen, und nun wird das alles zusammen im Mixer oder mit dem Pürierstab kräftig durchpüriert. Wer die Suppe ganz glatt und besonders fein und sämig haben möchte, schüttet sie sodann in ein Sieb und streicht sie mit dem Rücken einer Suppenkelle durch das Sieb hindurch in einen Topf. Das muss aber nicht unbedingt sein.

Nun wird noch abgeschmeckt: wenn etwas Schärfe fehlt, gibt man ein bisschen Harissa aus der Tube dazu, vielleicht fehlt noch Salz, Pfeffer oder Zitronensaft. Ist die Suppe zu dick, wird mit etwas Wasser oder Gemüsebrühe verdünnt. Nun wird sie für eine Stunde im Kühlschrank kalt gestellt.

Vor dem Servieren bereiten wir auch hier eine Einlage zu, die der ganzen Sache Pfiff verleiht. Der Ziegenkäse wird zusammen mit dem Joghurt mit einer Gabel gut verrührt, dann wird der klein geschnittene Schnittlauch untergemischt.

Nun wird die Suppe in Teller geschöpft, und in die Mitte kommt ein kräftiger Klacks von der Ziegenkäse-Joghurt-Mischung, also ein guter Esslöffel voll. Beim Essen immer ein bisschen von der Käsemischung mit auf den Löffel nehmen.

Was sich ebenfalls geschmacklich sehr gut macht: wenn die Suppe im Teller ist, träufelt man noch ein bisschen von einem frischen, fruchtigen Olivenöl oben drauf.

Pistou-Suppe

Einkaufszettel

für vier Personen:

- *Weiße und rote Bohnen aus dem Glas oder aus der Dose, jeweils rund 250 Gramm Abtropfgewicht*
- *zwei Stangen Lauch*
- *zwei Zucchini, vier Tomaten*
- *zwei Kartoffeln, zwei Karotten*
- *eine Zwiebel*
- *150 Gramm Nudeln (am besten eignen sich nicht zu dicke Röhrennudeln wie beispielsweise kleine Penne)*
- *zwei Liter Gemüsebrühe*
- *ein Lorbeerblatt*
- *ein Zweig Thymian*
- *ein Bund Basilikum*
- *100 Gramm frisch geriebener Parmesan*
- *Olivenöl, Salz und Pfeffer*

Mit einer Pistou-Suppe wärmen sich die Provenzalen den Magen, wenn im Herbst der kalte Mistral durch das Rhônetal pfeift, den Himmel blank putzt und die Menschen in ihre Häuser und hinter den Ofen treibt. Grundlegender Bestandteil dieser kräftig-deftigen Suppe, die eigentlich eher ein Eintopf ist, sind weiße und rote Bohnenkerne. Und damit liegt natürlich die Frage vor uns auf dem Küchentisch: getrocknete Bohnenkerne einweichen und danach noch ziemlich lange kochen, oder einfach zur Dosenware greifen? Zumindest für den Alltag, wenn es schnell gehen muss, führt hier am Griff ins Supermarktregal kaum etwas vorbei. Und es stimmt ja auch: wenn man eine gute Qualität wählt, ist in diesem Fall gegen Dosenware kaum etwas einzuwenden. Oder vielleicht doch: ich finde, dass Bohnenkerne aus dem Glas meist noch besser schmecken als die aus der Dose. Ganz abgesehen von dem Vorteil, dass man hier sieht, was man kauft. Denn vermatscht sollten die Bohnenkerne auf keinen Fall sein. Was die Größe der Kerne anbelangt: eher kleinere als zu große wählen, bei den roten eignen sich Kidney-Bohnen ausgezeichnet.

Zunächst wird das Gemüse vorbereitet, es beginnt also die bekannte Schnippelarbeit. Die Zwiebel wird fein gewürfelt, Kartoffeln und Karotten werden geschält und, ebenso wie die Zucchini, in kleine Würfel geschnitten (Richtmaß in etwa: die Größe eines Würfelzuckers). Der Lauch wird geputzt und in feine Ringe geschnitten. Die Tomaten werden ganz kurz – fünfzehn Sekunden genügen – in kochendes Wasser gelegt und dann enthäutet, die Kerne werden entfernt und dann wird das schiere Tomatenfleisch ebenfalls klein geschnitten.

In einem großen Topf wird etwas Olivenöl erhitzt, aber nicht zu stark. Da kommen die Zwiebel und alle Gemüse – mit Ausnahme der Tomaten – hinein. Etwa zehn Minuten lässt man das unter gelegentlichem Umrühren andünsten, das verbessert den Geschmack ganz deutlich. Bei dieser Prozedur darf das eine oder andere Gemüsestückchen ruhig eine leichte braune Färbung abbekommen – wenn nur die Zwiebelstücke dabei nicht verbrennen! Dann wird die Brühe angegossen und das Lorbeerblatt sowie der Thymianzweig kommen dazu. Die Hitze erhöhen und aufkochen lassen. Wenn das dann alles fünfzehn bis zwanzig Minuten geköchelt hat, werden noch die Tomatenstückchen in den Topf dazu gegeben. Weitere fünf Minuten alles zusammen köcheln lassen, dann sind die Gemüse gar.

Inzwischen haben wir die Nudeln separat weich gekocht. Die kommen nun ganz zum Schluss zusammen mit den Bohnen in die Suppe dazu. Die Bohnen sind ja auch schon weich und müssen deshalb nur noch erhitzt werden. Ganz wichtig ist es, die Bohnen zuvor in ein Sieb zu schütten und gründlich mit kaltem Wasser abzubrausen. Mit Salz und Pfeffer wird abgeschmeckt.

Aus dem Basilikum, dem Knoblauch und Olivenöl haben wird in der Zwischenzeit so eine Art Würzpaste zubereitet, die für den endgültigen Geschmack der Suppe entscheidend ist. Dazu werden die Basilikumblätter kleingeschnitten und dann zusammen mit dem Knoblauch verdrückt – das geht am besten in einem Mörser. Wer keinen hat, verdrückt das Basilikum mit der Gabel in einem Teller und presst den Knoblauch dazu. Dann werden noch drei bis vier Esslöffel Olivenöl darunter gerührt. Wenn die Suppe in Teller geschöpft ist, nimmt man einen Klacks von dieser Würzpaste und verrührt sie in der Suppe. Diese Würzpaste gibt der Suppe auch ihren Namen. Pistou heißt im provenzalischen Dialekt soviel wir zerstampft oder zerdrückt. Dann kommt noch der frisch geriebene Parmesan oben drauf, und zusammen mit einem Stück Baguette ist das Essen auch schon fertig.

Bulgur mit Wirsing und Karotten

Einkaufszettel

für vier Personen:

- *200 Gramm Bulgur*
- *400 Gramm Möhren*
- *ein Wirsingkopf von etwa einem Kilogramm Gewicht*
- *drei mittelgroße Zwiebeln*
- *zwei Knoblauchzehen*
- *eine kleine scharfe oder zwei kleine mittelscharfe Chilischoten*
- *ein Bund glatte Petersilie*
- *ein etwa fünf Zentimeter langes Stück Tomatenmark aus der Tube*
- *0,4 Liter Gemüsebrühe*
- *Salz, Pfeffer und Olivenöl*

Wenn man nach üppigen wie fleischlastigen Feiertagen wieder vermehrt Lust auf etwas eher Einfaches verspürt, dann ist das eine gute Gelegenheit, das Angebot an Gemüsen genauer zu inspizieren. Vor allem Wintergemüse schmecken so herzhaft kräftig, dass man ohne Schnitzel & Co. und auch ohne großes kochtechnisches Brimborium etwas ausgesprochen Schmackhaftes auf den Teller bekommt.

Wirsing und Karotten haben Konjunktur, dazu nehmen wir noch Bulgur – das ist grober Weizenschrot, der auch Weizengrütze genannt wird und den es mittlerweile auch in den meisten Supermärkten gibt. Das sind die Grund-Zutaten für einen schöner Eintopf, der sich ohne großen Aufwand kochen lässt.

Weizenschrot hat – neben seinem angenehmen, leicht nussigen Geschmack – auch noch einen großen Vorteil beim Kochen: er ist recht robust und klebt lange nicht so schnell zusammen wie beispielsweise Reis. Selbst einmal aufwärmen nimmt er gelassen hin, ohne seine kernige Konsistenz entscheidend einzubüßen.

Die Karotten werden geschält und in dünne Rädchen geschnitten. Die Karotte aber zuerst der Länge nach halbieren, denn halbe Rädchen machen sich nicht so leicht selbständig in Richtung Küchenboden. Die Wirsingblätter kurz abwaschen, die weiße Mittelrippe herausschneiden und dann die Blätter in grobe Streifen schneiden. Die Chilischoten der Länge nach halbieren, die Kerne heraus kratzen und dann quer in sehr feine Streifen schneiden. Die Zwiebeln schälen und in feine Streifen oder Ringe schneiden, den Knoblauch schälen und grob hacken. Damit ist die Schnippelarbeit auch schon erledigt.

Als Kochgeschirr benötigen wir eine Pfanne und einen Bräter mit Deckel (eine Auflaufform oder etwas Ähnliches, ob sie aus Keramik, Metall oder Steingut ist, ist ohne Bedeutung, nur feuerfest muß sie sein). Zuerst kommt die Pfanne zum Einsatz. Einen Schuss Olivenöl hineingeben und darin den Bulgur bei mittlerer Hitze zwei bis drei Minuten leicht anrösten und dabei immer wieder umrühren. Den Bulgur aus der Pfanne schütten. Dann kommt nochmal ein bisschen Öl in die Pfanne, und nun werden Zwiebeln und Knoblauch darin glasig angedünstet. Zum Schluss das Tomatenmark dazugeben, das noch kurz mit anbraten darf.

Nun werden alle Zutaten kunterbunt und locker in den Bräter hinein geschichtet – mit Ausnahme der Petersilie, die kommt erst ganz zum Schluss zum Einsatz. Zwischendurch wird immer mal wieder ein bisschen gesalzen und gepfeffert. Ganz zum Schluss wird die Gemüsebrühe dazu gegossen, die muss kochend heiß sein. Je nachdem wie kräftig die Gemüsebrühe ist, muss man sich zuvor beim Salzen mehr oder weniger zurückhalten. Deckel drauf, und nun kommt diese Fuhre in den auf 180 Grad vorgeheizten Backofen. Die Garzeit beträgt eine Stunde. Zwischendurch sollte man ein bis zweimal alles durchrühren, damit die Zutaten, die unten in der Brühe liegen, nach oben kommen und die anderen nach unten. Vor dem Servieren wird die fein gehackte Petersilie darauf gestreut.

Wer möchte, kann ohne großen Mehraufwand dem Gericht eine leicht süßliche, arabische Note verleihen. Dann gibt man noch eine knappe Handvoll Rosinen, 100 Gramm in ganz kleine Stücke geschnittene, getrocknete Aprikosen und einen gehäuften Teelöffel Currypulver mit in den Bräter.

Fladenbrot-Pizza

Einkaufszettel

für vier Personen:

- *Je nach Appetit ein bis zwei türkische Fladenbrote*
- *reichlich vollreife Tomaten*
- *500 Gramm Büffel-Mozzarella*
- *Olivenöl*
- *eine Handvoll Oliven*
- *grobes Meersalz*
- *Pfeffer*
- *Oregano*
- *frisches Basilikum*

Entgegen einer weitverbreiteten Meinung gibt es kein Naturgesetz, dem zufolge eine Pizza zwingend aus der Tiefkühltruhe oder der Pappschachtel kommen muss. Im Gegenteil: es ist sogar ausdrücklich erlaubt, sich den beliebtesten aller Teigfladen selbst zu backen und ganz individuell und nach persönlichem Geschmack zu belegen. Der Fairness halber muss man aber einräumen, dass es zwar kein Hexenwerk, aber auch nicht mit links zu machen ist, einen perfekten Pizza-Teig anzurühren. Von der Kunst, ihn gleichmäßig und schön dünn auszuwellen, wollen wir erst gar nicht reden. Und ob dann die Pizza wirklich so herrlich knusprig aus dem Backofen kommt, wie man sich das zuvor ausgemalt hat, ist ja noch lange nicht garantiert. Deshalb ist der Griff zur vorgefertigten Tiefkühlware nur zu verständlich. Denn in diese haben fürsorgliche Lebensmittelchemiker schon so einiges hineingerührt, damit das Ergebnis ihrer Bemühungen später so kross und farbenprächtig auf dem Teller liegt, wie es der Packungsaufdruck verheißt.

Wir jedoch machen es uns wie immer viel einfacher – und meistens auch noch besser –, und deshalb halten wir uns mit den Mühen der Teigrührerei erst gar nicht lange auf. Stattdessen kaufen wir ein türkisches Fladenbrot. Diese runden, dünnen Brotfladen mit einem Durchmesser von etwa 30 Zentimetern sind nämlich nicht nur eine ebenso praktische wie geschmacklich tadellose Grundlage für Pizza-Beläge aller Art. Das beste an ihnen ist der hundertprozentig garantierte Knusprigkeitsfaktor der Güteklasse 1a.

Der einzige Arbeitsgang in der Küche, der ein kleines bisschen handwerkliches Geschick erfordert, ist folgender: man muss das Fladenbrot mit dem Brotmesser quer halbieren, so dass man zwei dünne runde Brothälften hat. Diese Brothälften kommen dann mit der Schnittfläche nach oben in den auf 220 Grad vorgeheizten Backofen und werden dort ein bisschen vorgebacken, und zwar so lange, bis die Schnittflächen eine ganz, ganz zarte, allenfalls hellbraune Farbe angenommen haben. Das dauert gut fünf Minuten, wer einen Backofengrill hat, schaltet den ein, dann ist das in zwei Minuten erledigt.

Die Brotscheiben aus dem Backofen nehmen, und schon geht es ans Belegen. Das einzige, was man – im Gegensatz zur „richtigen" Pizza – nicht verwenden kann, sind pürierte Tomaten als Grundlage. Sie würden das Brot matschig machen. Wer mag, nimmt als erstes eine Knoblauchzehe und reibt das Brot mit ihr kräftig ein. Die Knoblauchzehe hierfür halbieren und mit der Schnittfläche über das Brot streichen. Der kross gebackene Teig wirkt dabei wie ein feines Reibeisen. Dann verteile ich auf dem Brot ein paar kräftige Spritzer Olivenöl. Und nun wird es komplett und dicht an dicht mit Tomatenscheiben belegt. Diese werden mit grobem Meersalz und Pfeffer gewürzt. Dann kommen noch ein paar Scheiben Büffel-Mozzarella dazu, alles wird ordentlich mit Oregano bestreut, ein paar Oliven verteilen, noch ein einige Spritzer Olivenöl als Abschluß oben drauf, und schon ist die klassische Grundvariante der Fladenbrot-Pizza fertig belegt.

Nun fehlt nur noch ein rund 20-minütiger Aufenthalt im auf 220 Grad vorgeheizten Backofen. Bei Tisch werden noch frische Basilikumblätter verteilt, und fertig ist meine Lieblings-Pizza, die ein bisschen an italienische Crostini erinnert. Wenn ich den Belag mit ein paar Sardellenfilets (Anchovis), etwas Tunfisch und ein paar Kapern ergänze, schmeckt es stark nach Pan-Bagnat, wie man es in Nizza liebt. Der Phantasie sind also keine Grenzen gesetzt.

Ein kleiner Tipp noch für alle, die gerne Salami-Pizza essen. Legt man die Salamischeiben gleich von Anfang an auf die Pizza und bäckt sie mit, dann schmilzt das Fett und läuft aus der Wurst heraus – das ist nicht sehr appetitlich. Deshalb nehme ich hauchdünn aufgeschnittene Salami und lege die Scheiben erst dann auf die Pizza, wenn diese heiß aus dem Backofen kommt. Die Hitze, die die Pizza abstrahlt, reicht vollkommen aus, um die Salamischeiben zu erwärmen, ohne dass gleich alles Fett aus ihnen weg läuft.

Frittata mit Spargel

Einkaufszettel

für vier Personen:

- *400 Gramm Spargel*
- *drei Bärlauchblätter*
- *je nach Größe 5 bis 6 Eier*
- *5 Esslöffel Milch*
- *Salz*
- *Pfeffer*
- *Butter zum Braten*

Kann man sich als Schreiber eines Kochbuches der Tatsache verschließen, dass der Spargel sprießt und die Wälder in der Rheinebene nach Bärlauch duften? Eigentlich nicht, wenngleich ich es gerne tun würde. Denn was soll man der ungebremsten Flut an Spargelrezepten und Bärlauchanwendungen noch hinzufügen, mit denen auf den Titelseiten aller einschlägigen Heftchen und auf sämtlichen Speisekarten geworben wird und die keine noch so gewagte, manchmal auch eher abstruse Kombination aussparen?

Ich versuche es trotzdem, und zwar mit einer Frittata, der italienischen Variante des Eieromeletts. Das ist eine sehr feine und problemlose Möglichkeit, junge, zarte Frühjahrsgemüse als Hauptgericht zuzubereiten. Warum sollte das nicht auch mit Spargel und Bärlauch gelingen? Den Einwand, es sei ja wohl das Abstruseste überhaupt, Spargel mit Knoblaucharoma zu kombinieren, will ich gleich entkräften. Beides harmoniert nämlich ganz prima, vorausgesetzt, der Knoblauch wird sehr zurückhaltend dosiert. Wer es nicht glaubt, den möchte ich zu folgendem Versuch animieren: Wenn die ganz klassische Variante auf den Tisch kommen soll, also Spargel mit zerlassener Butter, dann lege ich schon mal eine geschälte und halbierte Knoblauchzehe zur Butter während diese schmilzt. Sobald sie geschmolzen ist, fische ich die beiden Stücke wieder heraus. Die Butter hat nur einen Hauch vom Knoblauch angenommen. Das schmeckt nicht nur, es fördert sogar das Spargelaroma, wie ich finde.

Zur Frittata: Der Spargel wird geschält und in Salzwasser, dem eine Prise Zucker zugegeben wurde, gar gekocht. Den Spargel herausnehmen, sehr gut abtropfen lassen und in Stücke von etwa fünf Zentimetern Länge schneiden. Dicke Stangen kann man auch noch längs halbieren. Für dieses Gericht bietet es sich natürlich an, Spargelbruch zu verwenden. Wer nur Spargelspitzen nimmt, sollte die Zuckerprise im Kochwasser weglassen. Die Spitzen haben ohnehin schon eine viel höhere natürliche Süße als der Rest der Stange, so dass es dann zuviel des Guten wäre. Die Bärlauchblätter werden in sehr feine Streifen geschnitten. Wie viele Blätter soll man nehmen? Das ist reine Geschmacksfrage. Ich würde mal mit zwei bis drei Stück beginnen.

Nun werden die Eier mit der Milch zusammen mit den Bärlauchschnipseln gut verkleppert und leicht gesalzen und gepfeffert. In unserer größten Pfanne wird ein ordentliches Stück Butter bei milder Hitze zum Schmelzen gebracht. Dann kommen die Spargelstücke gleichmäßig verteilt in die Pfanne, und nun wird alles mit der Eier-Milch-Bärlauch-Mischung übergossen. Bei milder Hitze so lange auf dem Herd lassen, bis die Eiermasse gestockt ist. Wenn man einen Deckel auf die Pfanne gibt, geht das schneller. Wer die Frittata auf beiden Seiten angebräunt haben möchte, muss das Omelett wenden. Damit dabei nichts schief geht, verfährt man besten wie folgt: Wenn das Omelett durchgestockt ist, lässt man es aus der Pfanne auf einen großen Teller gleiten. Mit einem zweiten, gleich großen Teller zudecken, beide Teller mit beiden Händen fassen und um 180 Grad wenden. Nun liegt die Frittata umgedreht mit der gebratenen Seite nach oben auf dem zweiten Teller. Von diesem lässt man sie in die Pfanne zurück gleiten – und siehe da: ohne Unfall liegt das gute Stück gewendet in der Pfanne! Nach zwei bis drei Minuten ist sie dann auch auf der anderen Seite goldgelb gebraten. Auf eine vorgewärmte Platte gleiten lassen, wie einen Kuchen aufschneiden und mit einer Schüssel Salat servieren. Wer die Frittata lieber dünn und nicht so dick haben möchte, verteilt die Menge auf zwei Pfannen.

Dieses Rezept kann man mit jedem anderen Gemüse kochen. Dann würze ich allerdings etwas robuster. Das heißt vor allem: Ich dünste zunächst ein bis zwei fein geschnittene Schalotten in der Pfanne an, bevor ich das gegarte Gemüse und die Eiermischung dazu gieße. Und zusätzlich mische ich noch zwei gehäufte Esslöffel frisch geriebenen Parmesan unter die verquirlten Eier. Auch eine Handvoll zerbröckelter Schafskäse (Feta) macht sich gut.

Gebratenes Gemüse

Einkaufszettel

für vier Personen:

- *eineinhalb Kilogramm gemischtes Gemüse, wobei Lauch- oder Frühlingszwiebeln, Pilze (Steinchampignons und/oder Pfifferlinge), und Zucchini für mich zum Pflichtprogramm gehören*
- *ferner eine Knoblauchzehe*

Was auch passt:

- *Rote und gelbe Paprika*
- *Fenchel, Auberginen*
- *Salz, Pfeffer*
- *Olivenöl*
- *vier Esslöffel nicht zu süßer Portwein*
- *etwas Essig*
- *etwas Zitronensaft, Pinienkerne*

Der kulinarische Reiz dieser Gemüseplatte liegt vor allem darin, dass sämtliche Zutaten in der Pfanne in Olivenöl angebraten, und nicht etwa in Wasser gekocht oder gedünstet werden. Diese simple Änderung bei der Garmethode bewirkt bei vielen Gemüsen eine geradezu unglaubliche Konzentrierung und Verstärkung des Geschmacks. Zucchini etwa, im rohen oder gedünsteten Zustand geschmackliche Langeweiler aller ersten Ranges, entlockt der kurze aber kräftige Kontakt mit heißem Öl ein ausgesprochen kräftiges, leicht nussiges Aroma. Dasselbe gilt für Pilze. Das geschmackliche Volumen von Steinchampignons wird durch das Anbraten geradezu vervielfacht.

Diese Garmethode ist also aus gutem Grund in der Gemüse betonten mediterranen Küche ebenso beliebt wie in der asiatischen

Wok-Küche. Sie funktioniert mit fast allen Gemüsen – von ganz wenigen Ausnahmen abgesehen, wie zum Beispiel Bohnen. Hier raten uns Mediziner zum vorherigen Abkochen, da nur auf diese Weise Inhaltsstoffe, die für den menschlichen Organismus unzuträglich sind, abgebaut werden.

Mutige Menschen legen Gemüse auch auf den Holzkohlengrill. Da eine Zucchinischeibe aber doch etwas sensibler auf Hitze reagiert als ein Schweinhalskotelett, nehme ich lieber die Pfanne, da dort der Bratprozess genauer gesteuert werden kann.

Da unsere Gemüsepfanne ziemlich bunt zusammengestellt ist, sollten alle Gemüse getrennt und nacheinander in der Pfanne angebraten werden. So bekommt man die unterschiedlichen Garzeiten besser in den Griff. Zudem darf die Pfanne bei dieser Garmethode sowieso nicht randvoll sein. Es ist besser, in kleinen Portionen anzubraten und die fertigen Gemüse im Backofen warm zu stellen. Legt man zu viel Gemüse auf einmal in die Pfanne, dann zieht es Wasser, so dass dann doch wieder nur gedünstet und nicht gebraten wird. Und: nicht zu zimperlich sein mit der Hitze. Die eine oder andere kräftig braune, auch dunkelbraune Stelle schadet gar nichts.

Die einzige relevante Arbeit in der Küche besteht neben dem Braten im Putzen und Schnippeln der diversen Gemüsesorten. Bei Lauch- oder Frühlingszwiebeln – je kleiner und dünner sie sind, desto besser – wird der dunkelgrüne Teil weggeschnitten, der Rest, also der weiße und zart hellgrüne Teil, wird in drei bis vier Zentimeter lange Stücke geschnitten, dickere Exemplare werden der Länge nach halbiert. Rund zehn Minuten benötigen sie in der Pfanne. Steinchampignons und Pfifferlinge werden mit der Pilzbürste gesäubert und je nach Größe ganz gelassen, halbiert oder geviertelt. Sie sind in weniger als fünf Minuten fertig. Zucchini längs oder quer in nicht zu dünne Scheiben schneiden, drei Minuten braten auf jeder Seite genügen. Knoblauch fein würfeln, und so weiter und so fort. Die fertig gebratenen Gemüse kurz auf Küchenpapier legen, so nimmt man überschüssiges Öl weg.

Wenn diese ganze Gemüsepracht nun schön angebraten vor uns liegt, dann muss noch ein alles verbindendes geschmackliches Element hinzukommen. Diese Funktion übernehmen ein guter Schuss Portwein sowie ein kräftiger Spritzer Essig. Also: alle angebratenen Gemüse vermengen, zurück in die Pfanne geben, salzen, pfeffern, mit vier Esslöffeln Portwein und etwas Essig ablöschen und dann noch alles kurz durchziehen lassen.

Auf einer Platte anrichten. Wer mag, hobelt jetzt noch frischen Parmesan darüber. Auch einen knappe Handvoll frisch gerösteter Pinienkerne macht sich gut. Ganz zum Schluss noch etwas Zitronensaft und ein bisschen frisches, fruchtiges Olivenöl darüber träufeln.

Das Ergebnis ist eine wunderbare Vorspeise, eine Beilage zu gegrilltem Fleisch und Fisch, oder, mit Baguette, auch eine Hauptmahlzeit. Wobei es gar nicht so sehr darauf ankommt, wie warm das Gemüse serviert wird. Von lauwarm bis heiß schmeckt es gleichermaßen gut.

Gefüllte Kohlrabi

Einkaufszettel

für vier Personen:

- *Vier bis acht Kohlrabi*
- *500 Gramm Spinat*
- *200 Gramm Schafskäse (Feta)*
- *eine Schalotte*
- *zwei Eier*
- *ein halber Becher Sahne*
- *eine Knoblauchzehe*
- *Salz*
- *Pfeffer*
- *Muskatnuss*
- *500 Gramm Kartoffeln*

Aus jungen, zarten Kohlrabi lassen sich feine Gemüse zubereiten. Aber nicht nur das. Sie eignen sich auch prima zum Füllen. Noch ein paar Kartoffeln dazu, und schon hat man ein komplettes Essen. Was mir an diesem Rezept besonders gut gefällt, ist die leckere Soße, aber dazu später.

Zunächst brauchen wir pro Person einen Kohlrabi. Wenn der Appetit groß ist und die Kohlrabi klein sind, dann können es auch eineinhalb oder zwei Exemplare für jeden Esser sein. Die Blätter werden entfernt, die schönsten und zartesten von ihnen wandern jedoch nicht in dem Bio-Müll, sondern werden vom Stil befreit und beiseite gelegt. Die Kohlrabiknolle selbst wird geschält und dann quer, also quasi an der Gürtellinie, halbiert.

Nun werden die Kohlrabihälften in leicht gesalzenem Wasser vorgegart. Sie sollen also noch nicht ganz weich gekocht werden, da sie später zum Finish noch in den Backofen kommen und dort dann vollständig gar werden. Knapp zehn Minuten im kochenden Salzwasser genügen fürs erste. Die Kohlrabi herausnehmen, abkühlen lassen und sodann an der Schnittfläche mit einem Teelöffel eine möglichst große Mulde für die Füllung herauskratzen. Sowohl das Kochwasser als auch das herausgekratzte Kohlrabifleisch beiseite stellen, beides wird noch für die Soße gebraucht.

Zur Füllung: Die Schalotte und die Knoblauchzehe schälen und fein würfeln und in einem Topf in etwas Olivenöl glasig andünsten. Von den Spinatblättern werden die Stängel abgezwackt, sie werden gewaschen und kommen dann tropfnass in den Topf mit dazu, wo sie zwei bis drei Minuten erhitzt werden, bis sie zusammengefallen sind. Dann den Spinat in ein Sieb abschütten, mit dem Rücken einer Schöpfkelle gut ausdrücken, auf ein Brett legen und mit einem Messer ein paar Mal kreuz und quer zerschneiden. Den Spinat in eine Schüssel geben, mit den Fingern auflockern, salzen, pfeffern und mit Muskatnuss würzen. Dann die Eier mit einer Gabel zerkleppern und zusammen mit dem fein zerbröckelten Schafskäse dazugeben und alles gut und locker miteinander vermischen.

Nun werden die Kohlrabihälften mit der Mulde nach oben in eine feuerfeste Form gesetzt. Wenn sie umkippen, einfach unten ein kleines Stück flach abschneiden, dann stehen sie wie eine Eins. Nun wird die Spinatfüllung auf die Kohlrabihälften verteilt, die Häufchen dürfen ruhig aus der Aushöhlung herausschauen.

Und nun zur Soße: Damit diese etwas sämig wird, brauchen wir kein Verdickungsmittel. Vielmehr geben wir das herausgekratzte Kohlrabifleisch zusammen mit ein bisschen vom Kochwasser in den Mixer und pürieren das gut durch. Dann kommt noch ein guter Schuss Sahne dazu. Salz braucht es wohl kaum noch, das ist schon im Kochwasser, vielleicht fehlt noch etwas Pfeffer. Diese Soße gießen wir nun rund um die in der Gratinform sitzenden Kohlrabihälften, so viel, dass diese gut zwei Zentimeter tief in der Soße stehen. Die Kohlrabiblätter werden in feine Streifen geschnitten und in der Soße verteilt. Zwischendurch haben wir noch Kartoffeln halb gar gekocht, geschält und in fingerdicke Schnitze geschnitten. Wir legen diese in die Soße rings um die Kohlrabi herum.

Nun kommt diese Fuhre für rund eine halbe Stunde in den auf 180 Grad vorgeheizten Backofen. Danach ist alles durch, auch die Kartoffeln sind nun weich und können direkt in die Soße gedrückt werden – schmeckt prima.

Wem das alles zu vegetarisch klingt und wer lieber etwas Fleisch in der Füllung mag, der halbiert einfach die Spinatmenge und nimmt dafür 250 Gramm gemischtes Hackfleisch, das in einer Pfanne kurz angebraten, gesalzen und gepfeffert und dann mit den anderen Zutaten der Füllung vermischt wird.

Grünkern-Gemüse-Pfanne

Einkaufszettel

für vier Personen:

- *200 Gramm Grünkern (und zwar die ganzen Körner, Grünkernschrot und Grünkerngrieß, die es ebenfalls im Handel gibt, eignen sich für dieses Gericht nicht, es würde damit pappig werden)*
- *ein Lorbeerblatt*
- *gut ein Kilogramm versch. Gemüse (Paprika, Tomaten und Zucchini passen gut zusammen, aber auch Möhren, Kohlrabi, Erbsen und Spinat geben eine schmackhafte Verbindung ab)*
- *eine Zwiebel, drei Knoblauchzehen*
- *Olivenöl*
- *ein Sträußchen Thymian*
- *ein halber Liter Gemüsebrühe*
- *Salz und Pfeffer*

Man muss nicht unbedingt bekennendes Mitglied der Müsli- und Körner-Fraktion sein, um dem Grünkern durchaus respektable kulinarische Qualitäten zuzugestehen. Grünkern ist das noch nicht völlig ausgereifte Korn des Dinkels. Dinkel wiederum, auch Schwabenkorn genannt, ist eine uralte Getreideart und gilt als der Vorgänger des Weizens. Grünkern wird, bevor er in den Handel kommt, geschält, gedarrt und dann meistens auch noch geröstet. Das kräftige, nussige und leicht rauchige Aroma, das dabei entsteht, schmeckt apart und ergibt zusammen mit einer bunten Gemüseauswahl ebenso herzhafte wie leckere Kombinationen. Dass Grünkern darüber hinaus auch noch viele Vitamine hat, vor allem Vitamin B, reichlich pflanzliches Eiweiß, ferner Eisen, Phosphor, Magnesium, Kohlehydrate und wie diese ganzen gesunden Dinge sonst noch alle heißen, macht ihn zusätzlich sympathisch.

Erster Arbeitsgang: der Grünkern wird zusammen mit dem Lorbeerblatt in der Gemüsebrühe gegart, das heißt man lässt ihn mit der Brühe einmal aufkochen und dann rund 40 Minuten bei schwacher Hitze mit dem Deckel auf dem Topf ausquellen. Er sollte noch etwas Biss haben. Diese Garzeit kann man auf etwa 10 Minuten verkürzen, wenn man die Körner über Nacht in kaltem Wasser einweicht. Nach dem Kochen wird der Grünkern in ein Sieb abgeschüttet. Die Brühe auffangen und den Grünkern gut abtropfen lassen, das Lorbeerblatt entfernen.

In der Zwischenzeit wird das Gemüse geputzt und in mundgerechte Stücke geschnitten. Bei der Auswahl der Gemüse lässt man seinen Vorlieben freien Lauf. Ich wüsste nicht, welche Sorte nicht passen würde. Die Zwiebel und der Knoblauch werden fein gehackt. In einer großen Pfanne mit hohem Rand oder in einem weiten Topf wird sodann etwas Olivenöl erhitzt, die Zwiebel wird darin angedünstet, bis sie glasig ist. Dann wird das Gemüse zusammen mit dem Knoblauch nach und nach dazugegeben, zuerst die harten Sorten wie Möhren oder Paprika, die weichen wie Tomaten zum Schluss.

Wer in seiner Gemüseauswahl Zucchini und Auberginen mit dabei hat, sollte diese – gewürfelt oder in Scheiben geschnitten – zuvor separat in einer Pfanne in sehr heißem Olivenöl kurz und kräftig anbraten, so dass sie durchaus ein paar dunkelbraune Stellen bekommen, und erst dann zu den anderen Gemüsen zum Fertiggaren in die Pfanne mit dazugeben. Der Grund für diese Maßnahme: Auberginen und Zucchini sind von Natur aus nicht besonders geschmacksintensiv. Wenn man sie jedoch kurz und scharf anbrät, entwickeln sie unversehens einen erstaunlich kräftigen und delikaten Geschmack. Die Hitze, die man dafür braucht, ist jedoch so stark, dass andere Gemüse, vor allem die Zwiebeln, dabei hoffnungslos verkohlen würden. Deshalb der separate Bratvorgang.

Wenn alle Gemüse in der Pfanne und etwas angebraten sind, wird die Gemüsebrühe, in der der Grünkern gekocht worden ist, dazu geschüttet und der Thymian dazugegeben. Nun kommt noch der Grünkern in die Pfanne und alles zusammen wird noch rund zehn Minuten weiter gedünstet. Mit Salz und Pfeffer wird abgeschmeckt. Je nach dem, ob man das Gericht eher trocken oder eher etwas saftig-suppig haben möchte, variiert man mit der Menge der Gemüsebrühe.

Kurz vor Ende der ganzen Prozedur braten wir pro Person noch ein Spiegelei. Den Grünkern-Gemüse-Eintopf auf Teller verteilen und oben drauf jeweils ein Spiegelei legen. Salzen und pfeffern.

Kartoffelküchle

Einkaufszettel

für vier Personen:

- *1 Pfund Kartoffelbrei vom Vortag*
- *1 bis 2 gestrichene Esslöffel Mehl*
- *Pfeffer, Muskat*
- *1 gehäufter Teelöffel getrockneter Majoran, Öl und Butter zum Braten*

Variante mit Käse:

- *100 Gramm frisch geriebener Emmentaler oder Gruyère*

Lauchgemüse:

- *1 Kilogramm Lauch*
- *Butter, Salz, Pfeffer*
- *2 gehäufte Esslöffel Crème fraîche*

Süße Variante:

- *2 Eier*
- *3 gehäufte Esslöffel Semmelbrösel*
- *Butter zum Braten*

Mit Resteverwertung in der Küche erntet man bei Tisch normalerweise kein überschwängliches Lob. Und es stimmt ja auch: die Anzahl jener Gerichte, die durch schieres Wiederaufwärmen à la Witwe Bolte tatsächlich kulinarisch gewinnen, hält sich in sehr überschaubaren Grenzen. Und die Metamorphose diverser Essensreste zu undefinierbaren Suppen hat schon Generationen von Kantinen- und Mensen-Besuchern auf den Magen geschlagen.

Aber es gibt Ausnahmen, bei denen sich die Zweitverwertung vor dem Erstprodukt überhaupt nicht verstecken muß – im Gegenteil. Zu meinen Favoriten in dieser Kategorie gehören Kartoffelküchle aus übrig gebliebenem Kartoffelbrei. Mir schmecken sie so gut, dass ich manchmal versucht bin, aus Kartoffelbrei sofort solche Plätzchen zu braten. Das sollte man aber lieber sein lassen, denn frischer Kartoffelbrei ist viel zu weich hierfür, sie würden auseinanderfallen. Wenn er aber einmal im Kühlschrank übernachtet hat, dann hat die Kartoffelstärke abgebunden und seine Konsistenz ist nun wesentlich fester, so dass sich daraus ohne Mühe Kartoffelküchle, etwa in der Größe von Fleischküchle, formen lassen.

Für die Grundvariante muss man lediglich noch drei Dinge beachten: Auf ein Pfund Kartoffelbrei knete ich – je nach dem, wie fest seine Konsistenz schon ist – ein bis zwei gestrichene Esslöffel Mehl hinein (das kann man auch mit dem Rührgerät machen), das Mehl stabilisiert die Konsistenz noch zusätzlich. Dann muß gewürzt werden. Da der Kartoffelbrei ja schon gesalzen ist, braucht es nur noch etwas frischen Pfeffer und Muskatnuss sowie eine gute Prise getrockneten und fein zerriebenen Majoran. Und drittens: zum Formen der Küchle muss man die Hände immer wieder etwas anfeuchten, sonst klebt es fürchterlich.

Ein Pfund Kartoffelbrei reicht aus für etwa acht bis zehn solcher Küchle. Wenn man noch eine schöne Portion Gemüse dazu kocht, werden vier Personen gut davon satt. In einer Pfanne wird eine Halbe-Halbe-Mischung aus Olivenöl und Butter erhitzt. Da werden die Kartoffelküchle nebeneinander hinein gesetzt, etwas flach gedrückt, und dann goldgelb gebraten, auf jeder Seite dauert das gut fünf Minuten.

Als Gemüse passt kaum etwas besser dazu als Lauch. Bei der Zubereitung mache ich es mir denkbar leicht. Die Lauchstangen werden der Länge nach halbiert, unter fließendem Wasser abgewaschen und dann quer in dünne Streifen geschnitten. In einem Topf wird ein Stück Butter geschmolzen, da kommt der Lauch hinein, einen Schuss Wasser dazu geben, Deckel drauf, und in weniger als zehn Minuten ist er gar. Zum Schluss den Deckel abnehmen, damit das restliche Wasser verdampfen kann. Dann wird gesalzen und gepfeffert und etwas Crème fraîche untergerührt. Mehr braucht es nicht. Und damit das alles auch noch auf dem Teller schön aussieht, verteile ich das Gemüse und platziere das Kartoffelküchle mitten hinein.

Wer eine besonders herzhafte Variante schätzt, mischt noch etwas frisch geriebenen Käse unter die Kartoffelmasse. Ein kräftiger Emmentaler oder Gruyère eignen sich hierfür besonders gut. Auf ein Pfund Kartoffelbrei sind hundert Gramm Käse gerade richtig. Die weitere Zubereitung geht dann wie gehabt.

Eine schöne Idee ist es auch, die Kartoffelplätzchen als Süßspeise herzurichten. Dazu wird der übrig gebliebene Kartoffelbrei nicht weiter gewürzt. Dafür werden die fertig geformten Plätzchen jedoch noch in verkleppertem Ei und anschließend in Semmelbröseln gewendet und dann in purer Butter goldbraun ausgebacken. Dazu passt dann am besten Apfelkompott – die Kombination von Kartoffeln und Äpfeln ist ja eine altbewährte Sache. Dass das Apfelkompott nicht aus dem Glas oder dem Tetra-Pack kommt, versteht sich von selbst. An frischen Äpfeln herrscht kein Mangel, und es ist das Einfachste von der Welt, ein paar davon zu schälen, das Kernhaus zu entfernen, in kleine Stücke zu schneiden und mit etwas Zucker, einem Stück Zimtrinde (oder einem halben Teelöffel Zimtpulver) und einem Schuss Wasser zu verkochen und dann noch mit einem Spritzer Zitronensaft abzuschmecken.

Kartoffelsalat

Es ist jedes Jahr das gleiche: Der Sommer ist kaum da, und schon zeigen feinschmeckende Tugendwächter mit spitzem Finger auf den Holzkohlengrill: Was sich da in Gärten und auf Balkonen abspielt, sei, so die Auffassung dieser selbst ernannten Snobs, unter kulinarischen Aspekten nun wirklich das Allerletzte. Es tut mir leid, aber ich habe bis heute nicht kapiert, was gegen ein sorgfältig gegrilltes Lammkotelett ernsthaft einzuwenden wäre. Und wer es gar schafft, ein Stück Lachs (Lachs eignet sich, weil er ein recht fetter Fisch ist, hierfür besonders gut) so zu grillen, dass außen die scharfe Hitze ein paar Spuren hinterlassen hat, der Fisch innen aber noch fast glasig und saftig ist, darf von seinen Gästen zu recht ein kräftiges Lob erwarten.

Mindestens so wichtig wie das Grillgut jedoch sind die Beilagen. Und weil Kartoffelsalat beliebt und universell einsetzbar ist zu allem, was vom Grill kommt, kommt hier und heute mein Kartoffelsalat-Rezept. Dass ich mich damit aufs Glatteis wage, ist mir wohl bewußt. Denn es gibt Dinge zwischen Herdplatte und Dunsthaube, über die sollte man nicht schreiben: Dinge, für die jeder sein Lieblingsrezept hat und dieses, da emotional und oft auch noch landsmannschaftlich stark besetzt, gegen jedwede Veränderung mit Messer und Gabel verteidigt. Der unschuldige Kartoffelsalat gehört dazu. Eines jedoch hat mich bewogen, dieses Glatteis dennoch zu betreten. Ich kenne von meinem schwäbischen Schwiegervater einen Trick, der den so wichtigen Schlunzfaktor und den hintergründig-seidigen Glanz, über den ein guter Kartoffelsalat südwestdeutscher Machart unabdingbar verfügen muss, entscheidend positiv beeinflusst. Und diesen Trick möchte ich meinen Leserinnen und Lesern nicht vorenthalten.

Der Anfang eines jeden Kartoffelsalates ist überall gleich und beginnt mit dem Einkauf der richtigen Kartoffeln. Fest kochend müssen sie sein, sonst halten sie dem notwendigen mehrfachen Umrühren nicht stand: der Salat würde nicht schlunzig, sondern matschig. Aber wie kauft man fest kochende Kartoffeln? Wenn ich die Marktfrau frage, ob die Kartoffeln, die da liegen, fest kochend sind, kommt als Anwort in 99 Prozent aller Fälle ein klares „ja", ganz gleich, was da gerade an Kartoffeln herum liegt. Also drehe ich den Spieß um und frage, ob die Kartoffeln mehlig sind. Auch jetzt kommt als Antwort ein klares „ja", und ich winke dankend ab, denn ich suche doch fest kochende. Und während ich mich dem nächsten Stand zuwende, höre ich noch hinter mir herrufen: „Aber die Kartoffeln da sind fest kochend und quasi mehlig zugleich, die eignen sich eigentlich irgendwie für alles." Also kaufe ich nur dort, wo meine Frage, ob die Kartoffeln mehlig sind, klar verneint wird mit dem Hinweis, in der Kiste befinden sich fest kochende. Diese Antwort ist ehrlich. Manchmal muß man sich schon was einfallen lassen, damit man nichts angedreht bekommt.

Bevor die gekochten Kartoffeln geschält und in dünne Scheiben geschnitten werden, sollten sie ein paar Stunden Zeit zum Auskühlen haben, denn nur so bekommen sie jene Festigkeit, die sie brauchen, um beim Zerschnippeln nicht zu zerfallen. Nun kommen in sehr feine Würfel geschnittene Schalotten dran. Wer auf rohe Schalotten mit Magengrimmen reagiert, sollte sie einfach in der Brühe, die an den Salat gegossen wird, kurz blanchieren, also etwa zwei Minuten darin köcheln. Von der Brühe – es kann Fleisch- oder Gemüsebrühe sein – braucht man pro Kilogramm Kartoffeln rund 0,2 Liter. Der Essig (zwei Esslöffel pro Kilogramm Kartoffeln) kommt auch gleich in die Brühe, ferner Salz, so verteilt sich alles am gleichmäßigsten. Und dabei kommt nun auch der Schlunz-Trick ins Spiel.

Dazu muss ich etwas ausholen. Die Schwaben essen, das mag man mögen oder nicht, Kartoffelsalat bevorzugt in Kombination mit Spätzle. Und weil die Schwaben wirklich sparsam sind, ersetzen sie einen Teil der Brühe durch eine ordentliche Schöpfkelle vom heißen Spätzleswasser. Das ist jenes Wasser, in dem die selbstverständlich handgeschabten Spätzle gekocht wurden und in dem sich aus dem Spätzleteig herausgekochtes Mehl aufgelöst hat. Und exakt dieses Mehl und die darin enthaltene Stärke sind es, das den Schlunzfaktor in ungeahnte kulinarische Höhen treiben. Dieses Spätzleswasser kann man zum Glück „künstlich" ansetzen, indem man (pro Kilogramm Kartoffeln) einen gehäuften Teelöffel Mehl in etwas kaltem Wasser auflöst, diese Lösung in die heiße Brühe kippt und dann ein bis zwei Minuten zusammen aufkocht.

So, das war's: Kartoffeln, Schalotten, Pfeffer, dann die heiße Brühe mit Mehl, Salz und Essig darüber gießen, und das muss nun mindestens eine halbe Stunde durchziehen, zwischendurch den Kartoffelsalat mal umrühren, besser: umheben. Und nun, ganz zum Schluss erst, kommt noch Öl dran, mindestens zwei Esslöffel pro Kilogramm Kartoffeln. Die meisten mögen ein eher neutrales Pflanzenöl. Mir schmeckt auch hier ein dezentes Olivenöl am besten. Und oben drauf, das ist Pflicht, kommt reichlich fein geschnittener Schnittlauch.

Linsen

Einkaufszettel

für vier Personen:

- *ein Pfund Le-Puy-Linsen*
- *ein Lorbeerblatt*
- *Essig, Zitronen- und Orangensaft*
- *Salz, Pfeffer, scharfer Senf*
- *eine Schalotte*

Linsen-Karotten-Curry:

- *1 kg Karotten*
- *200 Gramm gelbe Linsen*
- *100 Gramm Schalotten*
- *1 halbe Chilischote*
- *30 Gramm Rosinen*
- *2 gehäufte Teelöffel Currypulver*
- *1 gestrichener Teelöffel Zucker*
- *50 Gramm Mandelstifte*
- *1 Esslöffel Zitronensaft*
- *Petersilie, Butter*
- *Salz und Pfeffer, Reis*

Eine Zeitschrift, die sich schon auf Grund ihres Titels als kompetent für Essen und Trinken ausgibt, hat eine Titelgeschichte über Linsen veröffentlicht. Leider musste ich bei deren Lektüre feststellen, dass die dortige Linsen-Berichterstattung doch erhebliche Lücken aufweist. So wurde eines meiner Lieblingsgerichte, der Linsensalat, nur am Rande und dazu noch recht dilettantisch abgehandelt. Und gelbe Linsen, die gerade vegetarische Gerichte zu einer Delikatesse machen können, fehlten in dem Bericht völlig. Da sollen es meine Leserinnen und Leser besser haben. Deshalb stehen hier und heute Linsensalat sowie gelbe Linsen mit Möhren auf dem Programm.

Zum Linsensalat: Die dicken braunen Tellerlinsen eignen sich hierfür nicht. Man braucht kleine Linsen, die nicht mehlig-weich werden, sondern sich einen herzhaften, kernigen Biss bewahren. Zu den besten Vertretern dieser

Gattung zählen die Lentilles Vertes de Puy, die grünen Linsen aus Zentral-Frankreich. Sie sind sehr klein, gerade mal so groß wie zwei Stecknadelköpfe. Und sie haben ein wunderbar nussiges Aroma. Und: das Preis-Leistungs-Verhältnis stimmt bei ihnen, etwa zwei Euro kostet das Pfund. Noch etwas feiner, aber dafür auch fast doppelt so teuer sind Berglinsen aus der italienischen Provinz Umbrien. Und dann sieht man immer öfter Beluga-Linsen in den Regalen von Feinkostgeschäften. Sie sind pechschwarz, und der Name Beluga soll wohl zum gleichnamigen Kaviar Assoziationen wecken und damit die Bereitschaft fördern, noch tiefer in den Geldbeutel zu greifen. Wer zudem auf Optik Wert legt und sich schon schwarze Linsen auf weißem Teller ausmalt, wird schnell zum Kauf verführt und dann allerdings enttäuscht sein: nach dem Kochen ist das Wasser schwarz und die Linsen sind ganz ordinär braun. Das obige Foto mit einem Löffel voll gekochter Beluga-Linsen ist der Beweis.

Für vier Personen kochen wir ein 500 g-Päckchen Le-Puy-Linsen zusammen mit einem Lorbeerblatt in reichlich Salzwasser. In etwa 20 Minuten sind sie gar. Abschütten und an die noch warmen Linsen zwei bis drei Esslöffel Essig geben, zehn Minuten durchziehen lassen und zwischendurch ein paarmal umrühren. Das ist wichtig, weil nur so die Säure des Essigs in die Linsen eindringen kann. Gibt man gleich die fertige Vinaigrette dran, verschließt das Öl die Linsenhaut und das pikante säuerliche Aroma bleibt oberflächlich. Noch mehr Raffinesse bekommt der Salat, wenn man die Linsen nicht nur im Essig mariniert, sondern noch den Saft einer halben Orange und ein paar Spritzer Zitronensaft dazu gibt.

Dann kommt die Vinaigrette dazu. Sie besteht aus reichlich Olivenöl, einem ordentlichen Klacks (ein gehäufter Esslöffel darf es schon sein) scharfem Senf, noch einem kleinen bisschen Essig, Salz und Pfeffer. Die Vinaigrette in die Linsen rühren und mindestens 15 Minuten durchziehen lassen. Wer mag, mischt zum Schluss noch eine ganz fein gehackte Schalotte drunter, und fertig ist der Linsensalat.

Aus gelben Linsen und Möhren lässt sich mit minimalem Aufwand ein tadelloses vegetarisches Essen zubereiten. Die Möhren werden geputzt und in nicht zu dünne Scheiben geschnitten. Die Schalotten werden fein gewürfelt. Die Chilischote der Länge nach halbieren, die Kerne entfernen und dann die Hälften quer in feine Streifen schneiden.

In einem Topf wird ein ordentliches Stück Butter (zwei Esslöffel voll) erhitzt, aber vorsichtig, damit die Butter nicht braun wird. Da geben wir zunächst das Currypulver hinein und rösten es etwas an, das kommt dem Geschmack zugute. Dann werden Zucker, Schalotten, Rosinen und die Chilischote dazugegeben, ebenfalls etwas andünsten – insgesamt etwa fünf Minuten. Dann kommen die Möhren dazu, alles gut verrühren, ein bisschen Wasser angießen (etwa eine Kaffeetasse voll), Deckel auf den Topf und nun alles zusammen eine Viertelstunde leicht köchelnd dünsten lassen.

In der Zwischenzeit rösten wir die Mandeln in einer Pfanne goldbraun an, zusätzliches Fett braucht man nicht dazuzugeben, das eigene Fett der Mandeln reicht aus. Die gerösteten Mandeln kommen zu den Möhren in den Topf. Dann noch mit Salz, Pfeffer und Zitronensaft abschmecken, die Petersilie fein schneiden und darüber streuen.

Die gelben Linsen werden zwischendurch in Salzwasser gar gekocht, das geht ruck-zuck, etwa fünf Minuten, länger brauchen sie nicht. Sie werden unter das Möhrencurry gemischt, alles zusammen noch eine Minute durchziehen lassen, Reis dazu servieren.

Risotto

Einkaufszettel

für vier Personen:

Grundzutaten:

- *300 Gramm Risotto-Reis*
- *zwei Schalotten*
- *ein Achtel Liter trockener Weißwein*
- *gut einen Liter Brühe*
- *ein Drittel Becher Sahne*
- *50 Gramm Butter, Salz, Pfeffer*

Für das Aroma:

- *20 Gramm getrocknete Steinpilze nebst Petersilie*
- *oder ein Gramm Safranfäden oder fünf Lorbeerblätter*
- *Je nach Bedarf 100 Gramm frisch geriebener Parmesan*

Alle, die Reis nur dann mögen, wenn man die Körnchen einzeln abzählen kann und garantiert nichts aneinander klebt (also alle Anhänger der Uncle-Bens-Parboiled-Rice-Fraktion), muss ich enttäuschen. Denn heute gibt es Risotto, einen unvergleichlichen Gaumen- und Magenschmeichler.

Die Zubereitung ist einfach. Aber rühren muss man, rund zwanzig Minuten lang, mit nur kurzen Unterbrechungen, nicht heftig oder gar verkrampft, sondern locker aus dem Handgelenk. Diese Zeit muss sein. Und den richtigen Reis braucht man. Keinen Basmati, keinen Patna, keinen Wildreis, schon gar keinen Uncle Bens, nichts dergleichen, sondern nur und ausschließlich Risottoreis, vorzugsweise aus Italien, wie zum Beispiel Arborio oder Vialone.

Mindestens ein Liter heiße Brühe muß griffbereit auf dem Herd stehen. Gemüsebrühe eignet sich bestens, auch eine leichte Hühnerbrühe schmeckt gut, Fleischbrühe ist fast zu dominant im Geschmack. Die Schalotten werden fein gewürfelt und mit einem Schuss Olivenöl in einem großen Topf glasig angedünstet. Bevor diese auch nur ansatzweise dunkelgelb werden, kommt der Reis dazu. Man lässt ihn kurz mitdünsten, rührt dabei um, zwei, drei Minuten, das reicht. Nun wird mit dem Weißwein abgelöscht. Dabei kräftig rühren. Der Reis saugt den Wein geradezu genüsslich auf und zeigt damit eine gewisse Wesensverwandtschaft mit dem Koch. Im Nu ist es im Topf deshalb wieder trocken. Nun muss sofort von der heißen Brühe dran, etwa ein Viertelliter. Und nun wird wieder gerührt, bis diese Flüssigkeit vom Reis fast gänzlich aufgenommen ist. Dann kommt wieder ein kräftiger Schuss von der Brühe in den Topf, und weiter rühren, bis auch diese Flüssigkeit wieder fast weg ist, und dann kommt wieder Brühe dazu, und so geht es in einem fort.

Diese ständige Rührerei ist keine Schikane, sondern für das Gelingen eines Risotto unabdingbar. Denn dadurch löst sich vom Rand der Reiskörner Stärke, und das ergibt die gewünschte sämige Konsistenz. Im Inneren aber bleibt der Reis kernig, ohne matschig zu werden. Diese Kombination ist – neben dem Geschmack – der wichtigste Genussfaktor, den auf diese Art und Weise wohl nur ein Risotto auf die Zunge bringt. Nach rund zwanzig Minuten ist der Reis gar. Zum Schluss rührt man die Sahne ein, ferner die Butter. Und nun kann man, ganz nach Belieben, die endgültige Konsistenz bestimmen. Manche mögen den Risotto so flüssig, dass er auf dem Teller zerläuft, andere lieben ihn fester. Das regelt man ganz einfach durch die abschließende Beigabe von mehr oder weniger Brühe. Zwischendurch muss wegen der Salzmenge abgeschmeckt werden. Vorsicht, die Brühe bringt in aller Regel schon einiges davon mit. Ordentlich Pfeffer aus der Mühle tut dem Risotto richtig gut.

Zwischendurch, etwa nach der Hälfte der Garzeit, kommt in den Topf noch das hinein, womit wir unseren Risotto aromatisieren. Da gibt es viele Möglichkeiten. Eine perfekte Beigabe sind getrocknete Steinpilze. Diese werden eine Viertelstunde in einem Viertelliter lauwarmem Wasser eingeweicht und dann mitsamt dem Einweichwasser ins Risotto geschüttet. Diesem Steinpilzrisotto gibt fein gehackte Petersilie, ganz zum Schluss eingerührt, den letzten Pfiff. Oder Safranfäden. Auch sie legt man zunächst in lauwarmes Wasser – zwei bis drei Esslöffel genügen hier – und dann kommen sie, ebenfalls mit dem Einweichwasser, in den Topf. So ein Steinpilz- oder Safran-Risotto eignet sich nicht nur als Beilage. Zusammen mit einer Schüssel Salat ist das ein komplettes Essen. Frisch geriebener Parmesan oben drauf gestreut, das ist allenthalben beliebt, muss aber nicht sein.

Eine sehr aparte Variante – wegen ihres fein-herben Geschmacks eine vorzügliche Beilage zu Fisch- und Fleischgerichten – ist das Lorbeer-Risotto. Ganz einfach: vier bis fünf Lorbeerblätter werden von Anfang an mitgekocht – und zum Schluss wieder heraus gefischt.

Saure Schnippelbohnen

Einkaufszettel

für vier Personen:

- 500 Gramm Stangenbohnen

Für die Soße:

- 1 Liter Gemüsebrühe
- 30 Gramm Butter
- 30 Gramm Mehl
- 1/4 Liter Sahne
- 2 Schalotten
- 2 Teelöffel scharfer Senf
- Essig, Zitronensaft
- Salz, Pfeffer
- ein Bund Bohnenkraut
- Beilagen: Pellkartoffeln, Eier

Saure Schnippelbohnen sind ein bisschen aus der Mode gekommen. Das ist schade, liegt vermutlich aber daran, dass man als Grundlage für die Soße eine Mehlschwitze braucht. Und Mehlschwitzen stehen kulinarisch bekanntlich in keinem besonders guten Ruf. Das ist ein bisschen ungerecht. Denn richtig zubereitet schmeckt eine Soße, die eine Mehlschwitze als Basis hat, nicht nach Mehl, sondern recht fein nach Butter. Und niemand hat jemals vorgeschrieben, dass eine solche Soße dick und pampig sein muss. Die Schwitze soll nur eine ganz leichte Bindung abgeben, nicht mehr und nicht weniger. Im übrigen geht deren Zubereitung kinderleicht.

Schnippelbohnen bereitet man traditionell aus den flachen Stangenbohnen zu. Aber

Buschbohnen eignen sich natürlich genau so gut. Die Bohnen werden geputzt, das heißt Spitze und Stielansatz werden abgezwackt. Da heute praktisch nur noch fadenfreie Züchtungen im Handel sind, erübrigt sich das lästige Fadenziehen. Dann kommen die Bohnen in kochendes Salzwasser.

Während des Kochens auf keinen Fall den Topf mit einem Deckel verschließen. Warum? Mit Deckel können die Kochgase nicht richtig abziehen, und diese sind hauptsächlich dafür verantwortlich, wenn sich die Bohnen unschön ins Gelblich-Bräunliche verfärben. Wenn man die gekochten Bohnen abschüttet und dann noch in Eiswasser abschreckt, dann behalten sie endgültig jene satte grüne Farbe, wie man es aus den besseren Restaurants kennt. Also einfach das Spülbecken oder eine große Schüssel mit kaltem Wasser füllen, eine Handvoll Eiswürfeln dazu geben (man kann auch zwei Kühlelemente ins Wasser legen) und darin die gekochten und abgeschütteten Bohnen ein paar Minuten abkühlen lassen. Dann die Bohnen in einem Sieb abtropfen lassen und schräg in kleine Stücke von etwa einem Zentimeter Länge schneiden.

Nun geht's an die Mehlschwitze: Die Butter in einem Topf bei mittlerer Hitze erwärmen bis sie aufschäumt und dann das durchgesiebte Mehl dazugeben unter ständigem Rühren, bis das Mehl die Butter vollständig aufgesogen hat. Dabei gilt eine Faustregel: immer die gleiche Menge Butter wie Mehl verwenden. Vorsicht, weder Butter noch Mehl sollten braun werden, denn wir brauchen ja eine helle Schwitze und keine braune Einbrenne, wie es die Schwaben beispielsweise für die Linsen verwenden. Nun ganz langsam und unter ständigem kräftigem Rühren mit dem Schneebesen (das vermeidet die befürchtete Klümpchenbildung) die heiße Gemüsebrühe dazu gießen. Die Gemüsebrühe sollte eher leicht und nicht zu kräftig im Geschmack sein, sonst dominiert sie die Soße zu sehr.

Diese Soße muß nun 15 Minuten leicht köcheln, dadurch verflüchtigt sich der Mehlgeschmack vollkommen, zurück bleibt der feine Geschmack der Butter. Dabei immer wieder umrühren, und wenn sie zu dick wird: einfach noch weitere Brühe dazu geben. Man braucht rund einen Liter Brühe, einen halben Liter auf jeden Fall, den Rest als Reserve zum Verdünnen. Sollten sich doch ein paar Klümpchen gebildet haben, dann ist das auch kein Beinbruch. Dann gießt man sie Soße einfach durch ein Sieb, und das Problem ist erledigt.

Zwischendurch werden die Schalotten fein geschnitten und in Butter glasig gedünstet. Die kommen nun in die Soße, ebenso die Sahne, der scharfe Senf wird eingerührt und, damit es schön säuerlich wird, kommen Essig und Zitronensaft nach Belieben dran, aber jeweils ein Esslöffel voll darf es schon sein. Salzen, pfeffern und abschmecken. Ein Schuss Worcestershiresauce schadet so wenig wie ein Spritzer Maggi und eine Prise Zucker.

Dann werden die Bohnen in die Soße gegeben und alles zusammen darf jetzt noch kurz durchköcheln, bis die Bohnen wieder heiß sind. Ganz zum Schluss kommt noch eine Handvoll frisch gezupftes Bohnenkraut dazu.

Als Beilage gibt es in Butter und gehackter Petersilie geschwenkte Pellkartoffeln und pro Person zwei wachsweich gekochte Eier. Noch besser schmecken mir dazu allerdings pochierte Eier. Hierzu wird in einem Topf Wasser zum Kochen gebracht und dann etwas Salz und drei Esslöffel Essig dazugegeben. Nun Ei für Ei in eine Schöpfkelle aufschlagen und vorsichtig in das Wasser, das nur leicht sprudeln darf, gleiten lassen. Nach drei bis vier Minuten die Eier mit einem Schaumlöffel heraus fischen. Das Dotter ist dann noch fast weich.

Spaghetti mit Brokkoli

Einkaufszettel

für vier Personen:

- Ein Kilogramm Brokkoli
- drei Schalotten
- zwei Knoblauchzehen
- vier bis sechs Sardellenfilets
- drei bis vier Esslöffel Zitronensaft oder ein achtel Liter trockener säurebetonter Weißwein
- ein Viertelliter Gemüsebrühe
- ein Esslöffel Butter
- Salz, Pfeffer, Olivenöl
  u. U. ein halber Becher süße Sahne, eine Chilischote
- 200 Gramm frisch geriebener Parmesan
- 500 Gramm Nudeln

Weil es nicht immer Tomatensoße sein muss, gibt es zur Abwechslung Spaghetti mit so einer Art Brokkoli-Soße. Brokkoli ist der grüne Vorfahr des Blumenkohls, leicht verdaulich, reich an Karotin, Magnesium, Vitamin C und dazu noch blutdruckregulierend – was will man mehr?

Als erstes werden vom Brokkoli die Röschen abgeschnitten, dann bringen wir einen Topf Wasser zum Kochen, salzen sodann das Wasser nicht zu knapp und geben die Brokkoliröschen da hinein. Da das Gemüse später mit der Gabel zerdrückt und vermust wird, vergessen wird alles, was uns über al-dente gekochtes Gemüse jemals gesagt wurde und kochen den Brokkoli so richtig schön weich, das heißt: zehn Minuten sollte er mindestens im kochenden Wasser bleiben. Dann wird er in ein Sieb abgeschüttet – gut abtropfen lassen.

In der Zwischenzeit haben wir die Schalotten und den Knoblauch fein gewürfelt und die Sardellenfilets aus dem Glas geangelt. In einer Pfanne wird etwas Olivenöl nicht zu stark erhitzt. Da kommen Schalotten und Knoblauch hinein, ferner die Sardellenfilets, und bei milder Hitze wird das alles soweit gedünstet, bis Schalotten und Knoblauch glasig sind. Die Sardellen werden mit einer Gabel ein bisschen zerdrückt. Durch die Hitze lösen sie sich alsbald weitestgehend auf. Das alles dauert keine zehn Minuten.

Zu diesen Sardellenfilets muss ich ein Wort der Erklärung schreiben. Sie machen das Essen nicht etwa zu einem Fischgericht (falls das jemand befürchtet haben sollte), sondern sie dienen letztendlich nur als Gewürz. Sie geben einen pikanten Geschmack ab, der nur im Hintergrund ganz leicht und sehr apart das Sardellen-Aroma spielen lässt. Und natürlich bringen sie einiges an Salz mit – also Vorsicht mit weiterer Salzzugabe beim späteren Abschmecken. Wer das mit den Sardellen als Gewürz übrigens mit Skepsis sieht, der muss mal asiatischen Köchen über die Schulter schauen. Diese verwenden für fast alle Gerichte (ich glaube, sie nehmen nur die Süßspeisen davon aus) ein paar mehr oder minder kräftige Spritzer von einer pur recht penetrant schmeckenden, ja eigentlich ungenießbaren Fischsoße, die jedoch, als Gewürz eingesetzt, vielen asiatischen Speisen einen entscheidenden aromatischen Reiz verleiht.

Nun werden auch die Brokkoliröschen in die Pfanne dazugegeben und mit einer Gabel etwas verdrückt und mit der Schalotten-Knoblauch-Sardellen-Mischung gut vermengt. Und dann wird abgeschmeckt. Pfeffer muss auf jeden Fall dazu, ebenso Säure, also Zitronensaft oder Weißwein oder beides zusammen, Salz vielleicht. Wer noch mehr Schärfe liebt, mörsert eine von den kleinen scharfen Chilischoten. Und damit die Sache nicht zu trocken wird, gießen wir noch Gemüsebrühe dazu. Gut für den Geschmack macht sich ein Stück Butter, das man in der Soße zergehen lässt. Ob man diese Soße nun auch noch ins Sahnige wendet und einen halben Becher süßen Rahm angießt, oder ob man das Essen sahnefrei und eher vom Olivenöl bestimmt belässt, ist Geschmackssache – beides ist möglich. So lässt man diese Soße noch wenige Minuten bei kleiner Flamme durchziehen.

Nun müssen nur noch die Nudeln gekocht werden. Die werden mit der Brokkolisoße vermischt und in Teller gefüllt. Wer mag, gibt noch frisch geriebenen Parmesan oben drauf oder einen zusätzlichen Schuss vom Olivenöl.

Spaghetti mit Pesto

Einkaufszettel

für vier Personen:

- *Zwei Bund Basilikum*
- *drei gehäufte Esslöffel Pinienkerne*
- *eine Knoblauchzehe*
- *100 bis 150 Gramm frisch geriebener Parmesan oder Pecorino oder eine Mischung aus beiden*
- *etwa ein zehntel Liter Olivenöl*
- *Salz*
- *Pfeffer*
- *eine große Fleischtomate*
- *500 Gramm Spaghetti*

Ein Spaghetti-Pesto-Rezept ist zugegebenermaßen nichts umwerfend Originelles. Aber es ist einer meiner Favoriten unter den preiswerten Schnellgerichten. Wenn ich es hier vorstelle, dann aus mehreren Gründen. Ganz frisch gemacht, kurz bevor es mit dampfenden Spaghetti auf den Tisch kommt, ist es jedem vorgefertigten Pesto, und sei es ein noch so gutes Fabrikat, an Aroma weit überlegen. Und die in fast allen Kochbüchern beschriebene Prozedur mit dem Mörser, in dem Basilikumblätter, Parmesankäse, Knoblauch und Pinienkerne mühsam zusammen zerdrückt und vermischt werden, kann man sich sparen, ohne auch nur die geringste geschmackliche Einbuße hinnehmen zu müssen. Einen großen, weiten Mörser, in dem man eine für vier Personen ausreichende

Menge relativ schnell zusammen mixen kann, haben ohnehin nur die wenigsten Haushalte. Und mit einem kleinen Mörser schmerzt schon nach zwei Portionen das Handgelenk. Die Alternative, alles mit dem Pürierstab zu vermusen, finde ich deshalb nicht so toll, weil dann die Masse zu fein und zu pastenartig wird. Es ist nämlich ausgesprochen reizvoll, wenn man zwischendurch beispielsweise auf einen nur halbierten Pinienkern beißt. Und dann mische ich zum Schluss noch eine Handvoll fein gewürfeltes Tomatenfleisch (Concassé) unter. Das streckt den ja nicht gerade kalorienarmen Pesto ein bisschen, macht ihn leichter, und zudem verleiht ihm die Säure der Tomaten etwas Frische, was dem Geschmack ausgesprochen gut bekommt.

Erster Arbeitsgang: die Pinienkerne werden angeröstet. Das ist wichtig, denn dadurch explodiert ihr Aroma geradezu. Man gibt die Kerne ohne jedes Fett in eine Pfanne und röstet sie langsam bei milder Hitze. Zwischendurch schüttelt man die Pfanne oder kugelt die Kerne mit dem Kochlöffel immer mal wieder ein bisschen hin und her, bis sie ringsum eine goldbraune Farbe angenommen haben. Auf keinen Fall den Herd zu heiß stellen, denn die Kerne verbrennen schneller, als man denkt. Von hellgelb bis braun dauert es relativ lange, von braun bis schwarz dagegen sind es nur Sekunden. Wenn die Kerne die richtige Farbe haben, muss man sie sofort aus Pfanne auf einen Teller schütten. Denn die Resthitze der Pfanne reicht völlig aus, sie zum Schluss doch noch von braun nach schwarz zu befördern.

Nun werden die Basilikumblätter von den Stängeln gezupft. Und nun kommt das, was die umständliche Arbeit mit dem Mörser ersetzt. Selbst bin ich da nicht darauf gekommen, ich habe es in Ligurien, der Hochburg der Pesto-Produktion, einer italienischen Hausfrau abgeschaut. Wir nehmen unser größtes Küchenbrett, legen die Pinienkerne in die Mitte und die Basilikumbätter darauf. Und nun kommt unser gutes altes Wiegemesser zum Einsatz. Damit geht es fünf Minuten lang kreuz und quer hurtig rauf und runter, und schon ist die Grundmasse fertig. Ein kleiner Trick noch: Bevor wir mit dem Wiegemesser beginnen, träufeln wir ein bisschen Olivenöl über Blätter und Kerne. Dadurch kleben sie etwas zusammen. Das verhindert weitgehend, dass sich die Kerne selbständig machen und vom Brett kullern.

Diese nun ganz nach Belieben mehr oder weniger grob gewiegte Masse wird vom Brett in eine Schüssel gegeben. Der frisch geriebene Käse (Parmesan oder Pecorino oder eine Mischung aus beiden) kommt dazu, der Knoblauch wird dazu gepresst, salzen, pfeffern, alles vermischen, dann das Olivenöl dazu gießen und alles gut verrühren.

Zum Schluss wird noch eine Tomate von ihren Kernen und dem diese umgebenden Glibber befreit. Das schiere Tomatenfleisch in sehr kleine Würfel schneiden und unter die Pestomasse mischen.

Das wunderbare Aroma des Basilikums ist frisch am besten und für längere Zeit kaum zu konservieren. Wenn von dem Pesto etwas übrig bleiben sollte, gibt man es in ein Glas und bedeckt es komplett mit einer dünnen Schicht Olivenöl. So hält es zwei oder drei Tage.

Spaghetti mit Pilzen

Einkaufszettel

für vier Personen:

- *Zehn Gramm getrocknete Steinpilze oder Morcheln*
- *300 bis 400 Gramm frische Steinchampignons*
- *zwei Schalotten*
- *eine Knoblauchzehe*
- *ein halber Bund Petersilie*
- *ein Becher Sahne*
- *ein Schuss trockener Weißwein*
- *ein paar Spritzer Zitronensaft*
- *Salz, Pfeffer*
- *Öl und Butter zum Braten*
- *etwas Parmesan*
- *400 Gramm Spaghetti*

Preiswert, einfach zuzubereiten und gleichzeitig von hohem kulinarischem Reiz sind Spaghetti mit gebratenen Pilzen.

Bei diesem Rezept machen wir uns das unglaublich starke Aroma von getrockneten Steinpilzen zu Nutze. Die schmecken derart intensiv, dass man sie genau genommen nur als Gewürz braucht. Man kann also eine kleine Menge davon getrost durch die Beigabe anderer Pilze großzügig verlängern, ohne ernsthafte Geschmackseinbußen hinnehmen zu müssen. Im Gegenteil: würde man die getrockneten Steinpilze pur verwenden, könnte deren Aroma fast schon zu penetrant wirken. Für die Küchenpraxis bedeutet dies: um eine wunderbar schmackhafte Pilzsoße für Spaghetti zu kochen, brauchen wir gerade mal zehn Gramm getrocknete

Steinpilze und daneben noch 300 bis 400 Gramm frische Steinchampignons. Die Champignons dienen aber nicht nur als Füllmasse, sie nehmen den Steinpilzgeschmack sogar an. Und so hat man beim Biß auf ein Stückchen Champignon fast schon das Gefühl, einen Steinpilz auf der Zunge zu spüren. Das funktioniert übrigens genauso gut mit getrockneten Morcheln oder anderen Würzpilzen.

Zunächst werden die getrockneten Steinpilze in einer halben Tasse mit lauwarmem Wasser eine gute Viertelstunde lang eingeweicht. Dann nimmt man sie heraus, drückt sie ein bisschen aus und schneidet sie in kleine Stückchen. So verteilen sie sich nachher besser. Das Einweichwasser wird nicht weggeschüttet, sondern durch ein Teesieb gefiltert, denn meistens sind noch einige Sandkörner drin – und aufbewahrt, denn das kommt nachher noch an die Soße, zwecks weiterer Geschmacksverstärkung. Die Champignons werden geputzt und in Scheiben geschnitten. Die Schalotten werden fein gewürfelt, die Petersilie wird grob gehackt. Damit ist alle Schnippelarbeit auch schon erledigt, und wir legen mit dem Kochen los.

Als erstes kommt eine Halbe-Halbe-Mischung aus Butter und Olivenöl in eine Pfanne – zwei Stück Butter, jedes von der Größe einer Walnuss, ferner zwei Esslöffel Öl. Ein leichtes Butteraroma macht sich bei Pilzen einfach gut. Darin werden die Champignons kurz und kräftig angebraten. Es schadet nichts, wenn sie ein bisschen Farbe annehmen, auch das intensiviert das Pilzaroma. Die Champignons sodann aus der Pfanne heraus nehmen und beiseite stellen. Nun kommen die Schalotten in die Pfanne, die Hitze etwas reduzieren. Sobald sie goldgelb angedünstet sind, wird der Knoblauch dazu gepresst, dann geben wir die angebratenen Champignons dazu, ferner die Steinpilzschnipsel, dann die Sahne, einen Schuss Weißwein, ein paar Spritzer Zitronensaft und das Einweichwasser von den Steinpilzen. Alles verrühren und kurz durchköcheln lassen und mit Salz und Pfeffer abschmecken. Ganz zum Schluss wird noch die Petersilie hinein gestreut, noch einmal aufkochen lassen – und fertig ist eine Soße, die vor Pilzgeschmack nur so strotzt.

Inzwischen haben wir die Spaghetti gekocht. Sie werden abgeschüttet und kommen – nur leicht abgetropft – zur Pilzsoße in die Pfanne. Dort wird alles vermischt, zwei Minuten durchziehen lassen, und schon geht es ab auf vorgewärmte Teller. Bei Tisch muss nur noch etwas Pfeffer aus der Mühle oben drauf, und, wer das mag, ein bisschen geriebener Parmesan.

Spaghetti mit Tomaten

Einkaufszettel

für vier Personen:

- *ein Pfund von den ganz kleinen, hocharomatischen Kirsch- oder Cocktailtomaten oder 700 Gramm Tomaten von einer eher fleischigen Sorte*
- *250 Gramm frisch geriebenen Parmesan-Käse*
- *einen großen Bund Basilikum*
- *zwei Knoblauchzehen*
- *100 Gramm Pinienkerne*
- *Olivenöl, Salz und Pfeffer*
- *Ein Pfund Spaghetti*

Wenn Spaghetti mit Tomaten auf einem Teller zusammentreffen, dann ist das ein ziemlich alltägliches Stelldichein und eigentlich kaum der Rede wert. Wenn ich hier und heute trotzdem ein solches Basic-Rezept zum Nachkochen vorschlage, dann aus zwei Gründen. Zum einen ist der Geschmack wirklich überdurchschnittlich gut und stellt viele andere Spaghetti-Tomanten-Gerichte problemlos in den Schatten. Und zum anderen sind der Kochaufwand und die Anforderungen an küchentechnisches Geschick und Know-how nicht nur – wie hier ja üblich – eher gering, sondern absolut minimalissimo. Der Witz bei unserem heutigen Spaghetti-Gericht nämlich ist folgender: man muß lediglich die Spaghetti kochen, für die Tomaten-"Soße" genügt die Hitze der Nudeln. Der Erfinderin dieses Rezeptes sei Dank – deshalb steht es bei mir unter „Isas Spaghetti" ganz vorne im Rezepte-Register.

Die Zutaten aus der Einkaufsliste sind ja alle hinlänglich bekannt, das Besondere ist die weitere Zubereitung. Nimmt man die kleinen Kirsch- oder Cocktailtomaten, so ist der Arbeitsaufwand am geringsten: es genügt, sie kurz abzubrausen und zu vierteln, ganz kleine Exemplare muss man lediglich halbieren. Normale Tomaten sollte man jedoch enthäuten, also 15 Sekunden in kochendes Wasser legen, dann die Haut abziehen und dann entkernen und nur das Tomatenfleisch, das in kleine Stücke geschnitten wird, verwenden.

Die Pinienkerne werden in der Pfanne kurz goldbraun angeröstet. Beim Anrösten dieser Kerne wie immer auf Folgendes achten: kein zusätzliches Fett in die Pfanne geben, der natürliche Fettgehalt der Kerne reicht fürs Rösten vollkommen aus. Dann auf kleiner Flamme rösten, dabei immer wieder umrühren oder die Pfanne kräftig schütteln. Und sobald die Kerne eine goldbraune Farbe angenommen haben, sofort aus der Pfanne auf einen Teller schütten, da die Restwärme der Pfanne ausreicht, dass sie doch noch in letzter Minute schwarz werden und verbrennen.

Nun nehmen wir einen Topf oder eine Schüssel und schichten dort die Zutaten nacheinander hinein: zuerst eine Lage Tomaten, die etwas gesalzen und gepfeffert werden, dann wird eine dünne Schicht vom geriebenen oder – noch besser – fein zerbröckelten Parmesan darüber gestreut, dann ein bisschen durchgedrückten Knoblauch darauf verteilen, dann kommen ein paar Pinienkerne dazu, und zum Schluss eine Lage Basilikumblätter. Und nun das Ganze noch einmal von vorne, so lange und so oft, bis alle Zutaten aufgebraucht sind. Am Ende wird Olivenöl darüber verteilt, und zwar nicht zu knapp, sechs bis acht Esslöffel dürfen es schon sein. Und das alles muss nun gut durchziehen und marinieren. Zwei bis drei Stunden mindestens, es schadet aber auch nichts, wenn man diese Mischung schon am Vortag ansetzt und über Nacht stehen lässt. Ein ideales Essen also, wenn man am nächsten Tag unkomplizierte Gäste erwartet und dann nicht mehr lange in der Küche stehen möchte. Die Übernachtung muss nicht unbedingt im Kühlschrank erfolgen. Auf jeden Fall aber sollte diese Mischung, bevor sie auf die Spaghetti kommt, wieder Zimmertemperatur haben.

Nun brauchen wir nur noch eine Schüssel mit dampfend heißen Spaghetti. Da kommt unsere Tomatenmischung oben drauf, einmal durchrühren und fertig ist die Chose. Der erstaunliche Wohlgeschmack stellt sich, so vermute ich, unter anderem dadurch ein, dass das Olivenöl durch das Marinieren den Geschmack aller Zutaten aufgenommen hat und dadurch alles herrlich aromatisch und abgerundet und durchgezogen schmeckt. Ein bisschen frisches Basilikum zum Schluss oben drauf schadet nicht, ebenso wenig wie frischer Pfeffer aus der Mühle.

Tabbouleh-Salat

Einkaufszettel

für vier Personen:

- *Ein 500-g-Päckchen mittelgrober Hartweizenschrot (Couscous)*
- *je ein Bund frische Minze und glatte Petersilie*
- *ein halber Bund Frühlingszwiebeln*
- *vier Tomaten*
- *eine halbe Salatgurke*
- *eine Handvoll Oliven*
- *hartgekochte Eier*
- *Saft von ein bis zwei Zitronen*
- *1/2 Tasse fruchtiges Olivenöl*
- *Salz, schwarzer Pfeffer*
- *eine rote Peperoni-Schote*

Tabbouleh-Salat (auch Taboulé oder Tabbula geschrieben) ist ein Gericht aus der Küche des Vorderen Orients. Er ist leicht, schmeckt herrlich erfrischend und ist mithin eine Labsal gerade an heißen Sommertagen. Man kann ihn vorbereiten. Wenn er eine halbe Stunde oder länger durchziehen kann, wird er eher noch besser.

Grundlage für jeden Tabbouleh-Salat ist mittelgrob geschroteter Hartweizengrieß, der vor allem unter der Bezeichnung Couscous im Handel erhältlich ist. Mit einem 500-Gramm-Päckchen bekommt man eine ordentliche Schüssel voll. Die Zubereitung des Hartweizengrießes geht ganz einfach und steht auf jedem Päckchen drauf. Der Grieß wird in eine Schüssel geschüttet, dann kommt die gleiche Menge kochend heißes und leicht gesalzenes Wasser dazu, also ein halber Liter Wasser mit einem gehäuften Teelöffel Salz auf 500 Gramm Grieß. Der Weizenschrot muss jetzt nur noch ausquellen, das dauert je nach Sorte zwischen fünf und fünfzehn Minuten. Zwischendurch immer mal wieder mit einer Gabel um- und durchrühren, so dass der Grieß schön locker wird. Hierfür eignet sich am besten eine Gabel, bei der die Zinken nicht zu eng stehen. Die Gabel vom Salatbesteck hat sich hierfür ausgezeichnet bewährt. Wenn sich trotzdem der eine oder andere kleine Bollen bilden sollte: kein Problem. Im Laufe der weiteren Bearbeitung lösen diese sich meistens wieder auf und sonst fischt man sie entweder heraus oder isst sie mit.

Nun wird alles, was unter den Grieß gemischt wird, klein geschnippelt. Die Minze, die Petersilie und die Frühlingszwiebeln werden fein gehackt. Die Tomaten werden in kleine Würfel geschnitten. Dabei sollte man die Kerne zusammen mit dem flüssig-glibberigen Inneren entfernen, da sonst zu viel Feuchtigkeit an den Grieß kommt und Vermatschungsgefahr besteht. Dasselbe gilt für die Salatgurke. Auch sie sollte zunächst entkernt werden. Und auch das ist ein Kinderspiel: die Gurke der Länge nach halbieren und mit einem Teelöffel einfach die Kerne heraus kratzen. Das Gurkenfleisch wird ebenfalls fein gewürfelt. Richtgröße für Tomaten- wie Gurkenwürfel: ein Viertel von einem Würfelzucker. Das wird nun alles locker unter den fertig ausgequollenen und abgekühlten Grieß gemischt.

Dann den Zitronensaft dazugeben und mit Salz und Pfeffer abschmecken. Der Salat sollte durchaus eine betont sauer-frische Note haben. Zum Schluss das Olivenöl darüber gießen und dann noch einmal alles mit dem Salatbesteck locker vermischen. Wenn man den Tabbouleh-Salat einige Zeit durchziehen lässt: vor dem Servieren noch einmal durchmischen.

Wer mag, kann dem Salat mit ein paar weiteren Zutaten zusätzliche Geschmacksnoten verleihen. Sehr gut passen Oliven, die man entweder ganz dazu gibt oder vorher entkernt und in kleine Stücke hackt. Wer etwas Schärfe liebt, schneidet eine rote Peperoni-Schote in winzig kleine Stücken und mischt diese noch darunter. Und als essbare Dekoration eignen sich am besten hartgekochte und geachtelte Eier.

Tabbouleh-Salat lässt sich problemlos in einer gut verschlossenen Schüssel zum Picknick ins Freie transportieren, er ist bei Geburtstagsfeiern eine echte Alternative zum Nudelsalat und vor allem auch als Beilage zu allerlei Gegrilltem nicht zu unterschätzen.

Ente mit Zitronengras und Ananas

Einkaufszettel

für vier Personen:

- *1 Ente mit etwa 1,8 Kilogramm Gewicht*
- *4 Stangen Zitronengras*
- *5 Kaffirblätter*
- *1 frische Ananas*
- *ein daumengroßes Stück Ingwerwurzel*
- *1 rote Chilischote*
- *30 Gramm brauner Zucker*
- *ein gestrichener Teelöffel Salz*

Entenfleisch verträgt sich gut mit fruchtigen und auch mit exotischen Aromen. Bekanntestes und wohl auch beliebtestes Beispiel: der Canard à l'Orange, die Ente in Orangensoße. Das folgende Rezept, nämlich Ente mit Ananas und Zitronengras, könnte der Orangenente allerdings in puncto Beliebtheit schnell den Rang streitig machen. Denn die Zubereitung ist wirklich ein Kinderspiel und der Arbeitsaufwand in der Küche absolut minimal. Und trotzdem stellt das Ergebnis bei Tisch vieles in den Schatten, was ich in letzter Zeit an Entengerichten auf dem Teller hatte.

Die wichtigsten Gewürze sind Zitronengras und Kaffirblätter. Beide gibt es in allen Asia-Läden und mittlerweile auch in gut sortierten Supermärkten. Es dürfte deshalb auch in abgelegenen Winkeln kaum Probleme geben, sich das zu beschaffen. Ob die Kaffirblätter frisch oder getrocknet sind, ist einerlei.

Sofern der Metzger die Ente nicht schon hergerichtet hat, muß man nur mit drei kräftigen Messerschnitten den Bürzel und die ganz fetten Hautlappen rechts und links davon wegschneiden und mit der Geflügelschere die Flügelspitzen am äußersten Gelenk abzwacken. Dann wird sie unter fließendem Wasser kurz abgewaschen, und dann kommen die Gewürze in die Bauchhöhle: drei Kaffirblätter und drei Stangen vom Zitronengras. Die Zitronengrasstangen vorher am besten mit einem kleinen Hammer etwas flach klopfen, vor allem das dicke Ende, so dass die Stange aufbricht und so das Aroma besser freigesetzt wird. Ferner schneidet man die Zitronengrasstangen in etwa fünf Zentimeter lange Stücke, sonst passen sie nicht in die Ente. Mehr an Vorbereitung braucht es nicht. Man muss die Ente weder salzen noch pfeffern noch sonst etwas mit ihr machen. Pur und nur mit den beiden Gewürzkräutern im Bauch kommt sie in den Backofen. Dabei legt man sie am besten mit der Brustseite nach oben auf ein tiefes Backblech, da das herauslaufende Fett aufgefangen werden muss. Der Backofen wurde vorher auf 180 Grad vorgeheizt, die mittlere Einschubleiste ist die richtige. Und da bleibt sie nun zwei Stunden drin. Die nächsten eineinhalb Stunden kann man die Ente vergessen und getrost sich selbst überlassen, sie schmurgelt vor sich hin, verliert viel von ihrem Fett, was beabsichtigt ist, und bräunt ganz langsam. Erst während der letzten halben Stunde ihrer Garzeit müssen wir uns wieder ein bisschen um sie kümmern, aber dazu später.

In der Zwischenzeit wird die Ananas geschält, der Länge nach geviertelt, der Strunk weggeschnitten und sodann das Fruchtfleisch grob gewürfelt – dreifache Zuckerwürfelgröße kann als Richtmaß gelten. Den Ingwer schälen und möglichst fein würfeln, je feiner, desto besser. Dann kommt die Chilischote unters Messer: sie wird der Länge nach halbiert, die Kerne werden heraus gekratzt, und dann wird sie ebenfalls in ganz ganz feine Würfel geschnitten. Ananas, Ingwer und Chili sodann in eine Schüssel geben, vermischen und stehen lassen.

Nun werden noch der Zucker und das Salz mit 50 Milliliter Wasser aufgekocht. Ebenfalls stehen lassen. Das restliche Zitronengras in kleine Stücke schneiden.

Die eineinhalb Stunden bis zur ersten Inspektion der Ente im Backofen sind nach diesen Schnippelarbeiten vermutlich noch lange nicht vorbei, so dass wir jetzt noch ein paar Hemden bügeln oder ein Buch lesen können.

Nach eineinhalb Stunden nehmen wir die Ente samt Backblech aus dem Ofen, heben die Ente vom Backblech, deponieren sie auf einem Teller und gießen das gesamte Fett vom Blech ab – am besten in einen Topf. Wenn es dort erkaltet und fest ist, kann man das Fett so in den Müll werfen, oder – wer das mag – bewahrt es auf und schmiert es sich später auf Schwarzbrot. Sodann wird die Ente zurück aufs Backblech gelegt, die Ananas-Ingwer-Chilischoten-Mischung nebst den restlichen Kaffirblättern und dem restlichen Zitronengras werden darum herum verteilt, die Ente wird mit der Zucker-Salz-Lösung eingepinselt, und dann geht die ganze Fuhre zurück in den Backofen, wo sie die letzte halbe Stunde weiter braten darf. Während dieser letzten halben Stunde wird die Ente noch dreimal mit der Zucker-Salz-Lösung bepinselt.

Das war's. Die Ente in Stücke schneiden, auf eine vorgewärmte Platte legen, die Ananasstücke zusammen mit der Schmorflüssigkeit, die sich noch gebildet hat, dazugeben und servieren. Asiatischer Duftreis passt prima dazu.

Geflügelleber-Creme

Einkaufszettel

für vier Portionen:

- *200 Gramm frische Hühnerleber*
- *ein Eigelb*
- *100 Gramm süße Sahne*
- *100 Gramm Crème fraîche*
- *Salz, Pfeffer*
- *ein gestrichener Teelöffel fein zerriebener getrockneter Majoran*
- *50 Gramm Zucker und ein achtel Liter Portwein*
- *Ein paar Salatblätter pro Teller*
- *Ferner brauchen wir vier runde feuerfeste Förmchen. Am besten eignen sich solche aus weißem Steingut oder Porzellan. Sie sollten etwa fünf Zentimeter hoch sein und einen Druchmesser von rund acht Zentimetern haben*

Die Geflügelleber-Creme, um die es hier geht, ist nicht nur in puncto Geschmack, Aussehen und Aha-Effekt bei Tisch voll festtagstauglich. Sie hat darüber hinaus noch ein paar weitere handfeste Vorteile, die gerade bei der Vorbereitung eines Feiertagsmenüs von nicht zu unterschätzendem Wert sind. Die Einkaufsliste ist kurz. Dass die Creme unkompliziert zuzubereiten ist und nach menschlichem Ermessen dabei auch nichts schief gehen kann, versteht sich von selbst. Und: man kann sie auch schon einen Tag vor dem großen Ereignis zubereiten, was den Stressfaktor am entscheidenden Abend zu reduzieren hilft. Da die Lebercreme ohnehin zwei bis drei Stunden im Kühlschrank auskühlen muss, hält sie es dort auch 24 Stunden ohne Qualitätsverlust aus. Und noch etwas: Das Rezept geht, wie immer, von vier Portionen aus. Bei einem Menü mit vier oder noch mehr Gängen ist eine ganze

Portion von dieser Vorspeise aber fast zu üppig. Man kann also eine Portion problemlos teilen und zwei Vorspeisen daraus anrichten.

Und so geht es: Von den Lebern etwa vorhandene Sehnen und Fett wegschneiden und dann in einem Mixer gut pürieren. Die Masse, die dabei entsteht, ist ziemlich flüssig und sieht nicht gerade berauschend aus. Davon lassen wir uns aber nicht irritieren. Dann werden Sahne, Crème fraîche, Eigelb, Salz (ein gestrichener Teelöffel), Pfeffer und Majoran mit dem Schneebesen in einer Schüssel glatt gerührt. Die pürierte Leber kommt dazu, dann nochmals alles durchrühren, so dass man zum Schluss eine homogene, leicht dickflüssige Masse hat.

Nun wird der Zucker karamellisiert. Dazu den Zucker in einem Topf bei nicht zu großer Hitze zum Schmelzen bringen und dann so lange weiter erhitzen, bis er eine karamellbraune Farbe angenommen hat. Wenn das so weit ist, wird der Portwein dazu gegossen. Umrühren, bis sich Karamell und Portwein vollständig miteinander verbunden haben, und dann bei kräftiger Hitze um die Hälfte einkochen lassen. Die Konsistenz dieser Portwein-Karamell-Soße sollte danach etwas dicklich geworden sein.

Von diesem Portwein-Karamell geben wir nun jeweils zwei Esslöffel in jedes Förmchen, so dass der Boden gut bedeckt ist. Fünf Minuten abkühlen lassen, und dann verteilt man mit einem Schöpflöffel die Lebermasse in die Förmchen, so dass sie knapp randvoll sind. Diese Förmchen werden dann nebeneinander in eine Saftpfanne oder einen Bräter gestellt, der einen mindestens sechs Zentimeter hohen Rand haben muß. Dann gießen wir kochend heißes Wasser in den Bräter, und zwar so viel, dass die Förmchen noch etwa einen Zentimeter aus dem Wasser herausschauen. Diese Fuhre bugsieren wir nun in den auf 170 Grad vorgeheizten Backofen, mittlere Einschubleiste, wo sie 45 Minuten lang bleibt. Danach aus dem Ofen nehmen und abkühlen lassen, bis man die Förmchen, ohne sich die Finger zu verbrennen, aus dem Wasserbad nehmen kann. Wenn sie ganz abgekühlt sind, kommen sie für mindestens zwei Stunden in den Kühlschrank.

Vor dem Essen wird der Inhalt der Förmchen einzeln auf Teller gestürzt. Damit sich die gestockte Masse gut herauslöst, fährt man mit einem Küchenmesser einmal am Innenrand der Förmchen entlang. Die Lebercreme steht nun steif und fest da, und der Portwein-Karamell läuft braun und dickflüssig an der Seite herunter. Beides zusammen, die Lebermousse und der herb-süße Portwein-Karamell, bilden eine wunderbare geschmackliche Harmonie. Mit ein paar Salatblättern wird der Teller dekoriert.

Geschmortes Hähnchen

Einkaufszettel

für vier Personen:

- *Ein bis zwei Hähnchen oder sechs bis acht Hähnchenschlegel*
- *500 Gramm Fleischtomaten*
- *2 Paprikaschoten*
- *100 Gramm Serano- oder Parmaschinken*
- *sechs Knoblauchzehen*
- *200 Gramm Schalotten*
- *fünfzehn Zentimeter Tomatenmark aus der Tube*
- *zwei Lorbeerblätter*
- *drei Zweige Thymian*
- *ein kleine scharfe Chilischote*
- *Salz, Pfeffer*
- *Olivenöl*
- *ein achtel Liter trockener Wein*

Bei diesem leichten, pikant gewürzten Gericht mit Hähnchenfleisch übernimmt der Backofen einen großen Teil der Arbeit, so dass der Aufenthalt in der Küche überschaubar bleibt.

Für vier Personen braucht man einen großen Bauernhahn oder zwei kleine Hähnchen oder einfach sechs bis acht Hähnchenschlegel. Das Hähnchen wird zerlegt – Brustfilets, Beine, Flügel. Hähnchenbeine schneide ich am Gelenk einmal durch, so werden die Stücke handlicher.

Die Tomaten werden gehäutet. Man legt sie dazu fünfzehn Sekunden in kochend heißes Wasser, danach lässt sich die Haut ohne Probleme abziehen. Dann werden die Tomaten geachtelt, den Stielansatz wegschneiden. Die Paprikaschoten werden halbiert und entkernt und dann mit der Haut nach oben auf ein Backblech gelegt. Dieses kommt in den Backofen unter den Grill. Wenn die Haut dicke dunkelbraune bis schwarze Blasen wirft, nimmt man die Paprikaschoten aus dem Ofen. Nun lässt sich auch hier die Haut einigermaßen abziehen. Anschließend muss man die Paprikaschoten wahrscheinlich noch unter fließendem Wasser abspülen, da die schwarz verbrannte Haut leicht bröselt und sich dann unschön auf dem Fruchtfleisch verteilt. Die Paprika in dünne Streifen schneiden. Diese Häuterei kann man auch bleiben lassen, vorausgesetzt, man stört sich nicht daran, später beim Essen dutzende von diesen unverdaulichen Hautstückchen im Mund und zwischen den Zähnen zu haben.

Die Schalotten werden geschält und der Länge nach geviertelt. Das genügt, sie kleiner zu schneiden, ist überflüssig. Dasselbe machen wir mit den Knoblauchzehen. Der Schinken wird in dünne Streifen geschnitten. Damit ist die Schnippelarbeit auch schon erledigt.

Nun werden die Hähnchenteile mit Salz eingerieben und in einer Pfanne in etwas Öl ringsum goldbraun angebraten. In einem großen Schmortopf werden die Schalotten und der Knoblauch zusammen mit den Schinkenstreifen in etwas Olivenöl goldbraun angebraten. Sobald Schalotten und Knoblauch etwas Farbe angenommen haben, gibt man das Tomatenmark dazu, das durch ein kurzes Anbraten geschmacklich ebenfalls zulegt. Nun wird mit einem guten Schuss Wein (rot oder weiß, ganz wie es beliebt) abgelöscht.

Alsdann verteilen wir noch ein paar Gewürze im Schmortopf: Lorbeerblätter, Thymianzweige, Chilischote, zum Schluss wird gepfeffert. Dann kommen die Tomaten- und die Paprikastreifen sowie die Hähnchenteile in den Schmortopf. Alles wird locker in den Topf hinein geschichtet, da darf es ruhig drunter und drüber gehen. Nun kommt der Deckel auf den Topf und ab geht es in den auf 220 Grad vorgeheizten Backofen. Nach fünfzig Minuten ist alles fertig.

Ein Stück Baguette, mit dem man die feine Soße auftunken kann, ist eine vollkommen ausreichende Beilage.

Hähnchen in Cidre-Calvados-Soße

Einkaufszettel

für vier Personen:

- *Je nach Größe ein bis zwei frische Hähnchen oder pro Person ein bis zwei Hähnchenkeulen*
- *Butter zum Anbraten*
- *ein viertel bis ein halber Liter trockener Cidre*
- *ein Schnapsglas Calvados*
- *zwei gehäufte Esslöffel Crème fraîche*
- *ein Drittel Becher süße Sahne*
- *Salz, Pfeffer*
- *Beilage: Breite Nudeln*

Ein Winterurlaub in der Normandie kann innerhalb weniger Tage einen Gutteil der liebgewonnenen Ernährungsgewohnheiten durcheinander wirbeln. Urplötzlich gerät die so geschätzte mediterrane Küche mit dem bevorzugt verwendeten Olivenöl und ihren frischen Kräutern in die Defensive, und die schon mausetot geglaubte Butter-Sahne-Küche mit all ihren deftig-cremigen und nicht ganz leichten Soßen feiert fröhliche Urständ. Und weil es, ehrlich gesagt, ganz prima geschmeckt hat und zur kalten Jahreszeit auch bestens passt, steht heute eines meiner normannischen Lieblingsgerichte auf dem Speiseplan, nämlich ein Hähnchen in Cidre-Calvados-Soße.

Der erste Schritt beim Durchchecken der Einkaufsliste wäre, den Schnapsschrank zu durchforsten. Wenn sich dort kein Calvados findet, dafür aber ein im Holzfaß gereifter badischer Apfelbrand, dann verrichtet dieser seine Dienste beim Verfeinern der Soße garantiert ebenso gut wie das französische Pendant. Ein schlichter klarer Obstler jedoch wäre zu grob. Die Milde und leichte Süße, die der Schnaps durch das Altern im Eichenfaß bekommt, machen sich in der Soße vorteilhaft bemerkbar. Nicht so leicht durch einheimische Produkte zu ersetzten ist der Cidre. Apfelsaft oder Apfelmost sind hier allenfalls zweite Wahl.

Die Zubereitung beginnt. Das Hähnchen wird zerlegt: Brustfilets, Flügel, Keulen. Die Keulen am Gelenk noch einmal durchschneiden, so werden die Stücke handlicher. Wie immer: wer beim Zerlegen eines Hähnchens in handwerkliche Schwierigkeiten gerät, kauft eine gleichwertige Menge an Hähnchenschlegeln. Die Hähnchenteile kräftig salzen und pfeffern.

Nun brauchen wir eine große Pfanne, in die alle Teile nebeneinander hineinpassen. Wenn es dabei eng wird, dann lieber mit zwei Pfannen arbeiten, als die Teile übereinander zu schichten. Zwei walnussgroße Stücke Butter werden in der Pfanne bei milder Hitze geschmolzen. Dann die Hähnchenteile hinein legen und bei milder Hitze braten, so dass die Butter allenfalls leicht bräunt, aber nicht schwarz wird. Nach zwanzig Minuten die Teile wenden. Wenn die Hähnchenteile auch auf der zweiten Seite etwas Farbe angenommen haben, also nach etwa fünfzehn Minuten, wird die Hälfte des Cidre dazu gegossen und das Fleisch dann noch weitere fünfzehn Minuten geschmort. Die gesamte Brat- und Schmorzeit sollte sich auf rund 50 Minuten addieren. Nun nimmt man das Fleisch aus der Pfanne und stellt es im auf hundert Grad vorgeheizten Backofen warm.

Und nun geht es an das Finish der Sauce. Der Bratensatz in der Pfanne wird mit dem restlichen Cidre abgelöscht und mit dem Kochlöffel vom Pfannenboden gelöst. Aus den Hähnchen wird sich einiges an Fett heraus gebraten haben. Wer das nicht in der Sauce haben möchte, was in Anbetracht der Tatsache, dass nun ja noch Crème fraîche und Sahne zum Einsatz kommen, sinnvoll ist, der sollte nun alles in ein Entfettungskännchen gießen, ein preiswertes und sinnvolles Küchenzubehör, das man immer wieder brauchen kann. Oder man versucht, mit einem Suppenlöffel das Fett abzuschöpfen, was wesentlich mühevoller ist und immer nur teilweise gelingt. Oder man lässt dieses Fett eben drin. Dann sollte man sich jedoch vergewissern, dass nicht der gesamte Calvados schon für die Soße verbraucht wird, sondern noch ein Verdauungsschluck übrig bleibt.

Wie auch immer: nun kommt noch der Calvados in die Pfanne und dann werden in diese schon recht schmackhafte Sauce mit dem Schneebesen noch die Crème fraîche und die Sahne hineingerührt. Mit Salz und Pfeffer und einem Spritzer Zitronensaft und vielleicht noch einem zusätzlichen Schuss Calvados wird abgeschmeckt. Ist die Soße zu dick geraten, hilft ein bisschen zusätzlicher Cidre weiter. Ist sie zu dünn, dann lässt man sie einfach noch ein paar Minuten einköcheln. Zum Schluss kommen die Hähnchenteile zurück in die Pfanne. Alles zusammen darf noch ein paar Minuten durchziehen, und fertig ist die Chose.

Breite Nudeln passen als Beilage wohl am besten.

Hähnchen in Riesling

Einkaufszettel

für vier Personen:

- *Ein bis zwei frische Hähnchen oder eine entsprechende Menge Hähnchenbeine*
- *1/4 Liter trockener Riesling*
- *1/4 Liter Hühner- oder Gemüsebrühe*
- *1 Becher Sahne*
- *4 Schalotten*
- *200 Gramm Steinchampignons*
- *2 Knoblauchzehen*
- *1 Lorbeerblatt*
- *1/2 Bund Petersilie*
- *Saft von einer halben Zitrone*
- *Butterschmalz oder Olivenöl*
- *Salz, Pfeffer, Muskat*

Jedes gute Rezept, so hat mir ein Redakteur kürzlich verraten, beginnt mit dem immer gleichen Arbeitsauftakt in der Küche: Man nehme ein Glas vom besten Wein und gieße es in den Koch respektive in die Köchin. Das scheint mir ein vernünftiger und beherzigenswerter Ratschlag zu sein. Nicht nur, dass dadurch das Küchenpersonal von Anfang an bei Laune gehalten wird. Dieser Ratschlag weist auch in einem anderen Punkt in die einzig richtige Richtung: der beste Wein aus dem Keller ist allemal zum Trinken da, und allenfalls der zweitbeste kommt in den Kochtopf, wird also zum Kochen verwendet. Und er räumt deshalb auch mit einem uralten Vorurteil auf, dass man nämlich zum Kochen immer genau den gleichen Wein verwenden solle wie auch später als Getränk zum Essen.

Damit keine Missverständnisse aufkommen: auch der Kochwein muss ein ordentlicher

Wein sein. Mit irgendeinem Simsenkreblser für einen Euro fuffzig pro Liter kann man die schönste Soße verhunzen. Und die Flasche mit Korkgeschmack gehört unwiderruflich in den Ausguss. Aber: Es wäre rausgeschmissenes Geld, einen Kabinett oder gar eine teuere Spätlese zu verkochen. Und wer gar glaubt, mit einem hochpreisigen Barrique-Wein eine besonders feine Soße zaubern zu können, erlebt leicht eine böse Überraschung: heftige Barrique-Tannine können in der Soße einen unangenehmen bitteren Beigeschmack hervorrufen. Also: ein guter Qualitätswein gehört in den Topf, weniger sollte es, mehr muss es nicht sein. Lediglich für das Beibehalten der Weinsorte spricht eine gewisse Geschmacks-Logik. Zu einer Burgunder-Soße harmoniert ein Glas Spätburgunder in der Regel am besten. Oder eben ein Riesling zur Riesling-Soße.

Womit wir bei unserem heutigen Rezept angelangt wären: es gibt das allseits beliebte Hähnchen im Riesling oder den Coq au Riesling, wie er bei unseren elsässischen Nachbarn heißt.

Am besten eignet sich hierfür ein großer, kräftiger, ausgewachsener Bauernhahn mit festem, leicht dunklem Fleisch und etwa 1,5 Kilogramm Gewicht. Da man ein solches Prachtexemplar leider nicht an jeder Ecke zu kaufen bekommt, muss man sich meistens mit ein bis zwei schwachbrüstigen Ein-Kilogramm-Hähnchen zufrieden geben. Wie auch immer: das Hähnchen wird in seine Einzelteile zerlegt – Beine, Flügel, Brustfilets. In einem großen Schmortopf wird nun ein bisschen Butterschmalz oder Olivenöl erhitzt. Darin werden die Hähnchenteile auf beiden Seiten hellbraun angebraten. Das dauert etwa zehn Minuten. Da die Fleischteile beim Braten Kontakt zum Topfboden haben sollten, muss man das unter Umständen aufgeteilt in zwei Portionen hintereinander erledigen. Während der letzten zwei Minuten gebe ich die fein geschnittenen Schalotten dazu. Sobald diese eine leicht goldgelbe Farbe angenommen haben, wird mit dem Wein abgelöscht. Dabei mit dem Kochlöffel den Bratensatz vom Topfboden schaben. Dann kommt die Hühnerbrühe dazu. Wenn man keine Hühnerbrühe zur Hand hat, kann man ohne weiteres auch Gemüsebrühe nehmen. Nun drückt man noch den Knoblauch hinein, gibt das Lorbeerblatt dazu und den Deckel auf den Topf und lässt alles auf kleiner Flamme 40 Minuten ganz leise köcheln, dass es gerade so blubb-blubb macht.

In dieser Zeit werden die Champignons geputzt, in dünne Scheiben geschnitten und dann in einer Pfanne in Olivenöl kurz und scharf angebraten. Während der letzten halben Minute noch die fein gehackte Petersilie dazugeben. Die Pfanne vom Herd nehmen und ein bisschen Zitronensaft darüber träufeln.

Inzwischen sind die Hähnchenteile gar. Man nimmt sie nun aus dem Topf und stellt sie auf einem Teller beiseite. Mit einem anderen Teller abdecken, damit sie nicht ganz auskühlen. Die Soße wird sodann auf großer Flamme eingekocht – etwa um die Hälfte. Nun kommt die Sahne dazu, ferner die gebratenen Pilze, und dann wird abgeschmeckt mit Salz, Pfeffer, einer Prise Muskat, vielleicht fehlt noch ein Spritzer Zitronensaft oder ein Schuss Wein. Und wer etwas Schärfe mag, gibt eine Messerspitze Cayenne-Peffer hinein. Wenn die Soße dann so schmeckt, dass man sie am liebsten gleich pur weglöffeln würde, ist sie richtig. Nun gibt man die Hähnchenteile zurück in den Topf und in die Soße hinein. Bei geringer Hitze darf dann alles noch fünf Minuten miteinander durchziehen.

Die klassische Beilage sind breite Butternudeln.

Hühnerfricassee

Einkaufszettel

für vier Personen:

- *Ein Suppenhuhn oder ein Hähnchen oder beides zusammen*
- *zwei Karotten, eine Schalotte*
- *ein kleines Lorbeerblatt*
- *zwei Stängel Petersilie*
- *ein halber Teelöffel Pfefferkörner*
- *drei gestrichene Esslöffel Mehl*
- *drei gestrichene Esslöffel Butter*
- *je ein achtel Liter trockener Weißwein und Sahne*
- *etwas Zitronensaft*
- *Salz, Pfeffer, Muskat*
- *ein Pfund Spargel*

Wenn die Spargelsaison langsam in Fahrt kommt, dann steht für mich eine Kombination ganz oben auf der Genussskala: die Verbindung von feinem Spargelgeschmack mit dem zarten Aroma von gekochtem Huhn. Es ist also Zeit für ein Hühnerfricassee.

Grundlage für die Soße ist eine kräftige Hühnerbrühe. Rund einen halben Liter brauchen wir davon. Und schon müssen wir eine für den weiteren Fortgang wichtige Entscheidung treffen: Das Huhn bringt die bessere Brühe, das Fleisch vom Hähnchen aber ist zarter – was also soll man nehmen? Wenn es die Haushaltslage zulässt, sollte man sich für die Luxusvariante entscheiden: Zuerst wird ein Suppenhuhn gut eineinhalb Stunden vollkommen ausgekocht. Dann hat das Huhn allerdings seinen Dienst getan, das Fleisch ist nach dieser Prozedur derart ausgelaugt, trocken und faserig, dass man es nur noch an die Katze verfüttern kann. In dieser Brühe wird dann das Hähnchen für das Fricassee sanft köchelnd gegart. Die Beine brauchen etwa 40 Minuten, die Brustfilets allenfalls zehn Minuten. Eine weiterer Vorteil dieser Variante: Das Suppenhuhn gibt mindestens doppelt so viel Brühe ab, wie wir für das Fricassee benötigen, es bleibt also noch eine schöne Suppe für den nächsten Tag übrig.

Für welche Variante man sich auch entscheidet, auf jeden Fall werden Suppenhuhn oder Hähnchen in einem Topf mit kalten Wasser aufgesetzt und zum Kochen gebracht. Mit hinein in den Topf kommen die geputzten und in Stücke geschnittenen Karotten, die geschälte und halbierte Schalotte, ferner das Lorbeerblatt, die Petersilie und die Pfefferkörner. Andere Gemüse wie Lauch oder Sellerie, die in vielen Rezepten auf der Zutatenliste noch zusätzlich auftauchen, lasse ich weg. Sie sind mir zu kräftig und verdrängen das Hühneraroma mehr als dass sie es unterstützen würden. Wie gesagt: Ein Suppenhuhn bleibt da nun eineinhalb bis zwei Stunden drin und wird völlig ausgekocht. Ein Hähnchen, dessen Fleisch man anschließend noch für das Fricassee verwenden will, kocht etwa 40 Minuten (die Schlegel), und knapp zehn Minuten die Brustfilets.

Auf jeden Fall müssen Huhn oder Hähnchen vollständig mit Wasser bedeckt sein. Und, ganz wichtig: bevor es in den Topf kommt, wird es abgewaschen, ferner schaut man nach, ob noch Innereien drin sind. Diese werden vor dem Kochen herausgenommen. Sie können die Brühe trüb machen und deren Geschmack beeinträchtigen.
Wenn sich während des Koches oben bräunlicher Schaum absetzt, wird dieser mit einem Schaumlöffel oder einer Schöpfkelle so gut es geht entfernt.

Dann wird das gekochte Hähnchen herausgenommen und die Brühe durch ein Sieb in einen anderen Topf abgeschüttet. Am besten macht man das alles schon am Vorabend, denn dann setzt sich das gesamte Fett in einer festen Platte oben auf der Brühe ab. Diese Fettplatte muß man nur abheben, und man hat eine vollkommen entfettete Brühe, die beste Grundlage für ein leichtes Fricassee.

Nun wird das Fleisch von den Knochen gelöst und in mundgerechte Würfel geschnitten. Die Spargeln werden geschält und gekocht und dann in etwa zwei Zentimeter lange Stücke geschnitten.

So, und nun geht es an die Sauce. Hierzu wird die Butter in einem Topf geschmolzen, und zwar so, dass sie gerade nur aufschäumt und auf keinen Fall braun wird. Dann das Mehl dazu hinein sieben und so lange im Topf mit der Butter kräftig verrühren, bis das Mehl die Butter vollständig aufgenommen hat und es im Topf fast trocken ist. Dann gießt man unter ständigem kräftigem Rühren mit dem Schneebesen ganz langsam einen halben Liter von der – heißen – Hühnerbrühe dazu, dann je einen achtel Liter trockenen Weißwein und dann die Sahne. Diese Grundsoße lässt man unter gelegentlichem Umrühren auf kleiner Flamme fünfzehn Minuten köcheln, dann verflüchtigt sich der Mehlgeschmack vollkommen. Nun wird abgeschmeckt, und zwar mit Salz, Pfeffer, Muskat und einem kräftigen Spritzer Zitronensaft. Sollten sich Klümpchen gebildet haben, kein Problem, dann gießt man die Soße eben durch ein Sieb.

Wenn die Soße die richtige Konsistenz hat (je nach dem lässt man sie noch ein bisschen einkochen oder gibt noch etwas Brühe dazu), kommen Hühnerfleisch und Spargelstücke hinein. Alles zusammen noch fünf Minuten durchziehen und erwärmen lassen und mit Reis oder breiten Nudeln servieren.

Perlhuhn mit Linsen

Einkaufszettel

für vier Personen:

- *Ein Perlhuhn*
- *etwas gemischtes Schmorgemüse wie Karotten und Sellerieknolle*
- *Thymianzweige*
- *eine Hand voll Weintrauben*
- *500 Gramm kleine Linsen*
- *Salz*
- *Pfeffer*
- *Olivenöl*
- *Ein Schuss Wein*
- *Portwein*

Zu einer festlichen Gelegenheit brate ich mir ein Perlhuhn. Warum kein normales Hähnchen, sondern ein Perlhuhn? Ganz einfach: Letzteres ist, wie man dem kulinarischen Lexikon von Cedric Dumont entnehmen kann, „das von Feinschmeckern bevorzugte Huhn", und deshalb für Festtage gerade richtig. Klar, dass man ein paar Euro zusätzlich berappen muss. Aber das Perlhuhn belohnt das mit einem besonders kräftigen, dunklen Fleisch, das einen ganz zarten, feinen Wildgeschmack hat. Es eignet sich vorzüglich für eine Kombination mit Linsen, und, damit die ganze Sache rund wird, für eine leicht süßliche Abstimmung bei der Würze. Aber davon später.

Ein Perlhuhn wiegt im Schnitt gut eintausend Gramm. Da an Festtagen Vor- und Nachspeise Pflicht ist, genügt ein Vogel für vier Personen. Ich brate ihn nicht am Stück, sondern zerlege ihn gleich am Anfang in seine Einzelteile: Schlegel, Brusthälften, Flügel. Das hat zwei Vorteile. Erstens: Wer kein Meister beim Tranchieren ist, kommt mit dem fertig gebratenen Huhn schnell in Stress. Beim Anfassen verbrennt man sich die Finger, säbelt man zu lange herum, wird es kalt. Zweitens: Man muss die empfindlichen Brustfilets nicht von Anfang an mit braten, wodurch sie saftiger bleiben.

Also zerteile ich das rohe Perlhuhn in seine Einzelteile, salze und pfeffere diese kräftig, pinsle sie ringsum mit Olivenöl ein und lege sie mit der Haut nach oben in einen offenen Bräter – mit Ausnahme der Bruststücke. Ringsum verteile ich zwei Hände voll grob geschnittenes Schmorgemüse, also ein paar Karotten, ein bisschen Sellerieknolle, was man gerade so zur Hand hat. Einige Thymianzweige kommen dazu. Dann gieße ich ganz wenig Wein an. Das Huhn soll braten, nicht kochen! Ein Zentimeter hoch ist schon zu viel. Da, wie schon gesagt, der Grundgeschmack leicht süßlich werden soll, muß es kein trockener Wein sein. Es kann sogar eine Halbe-Halbe-Mischung aus Wein und Portwein oder Sherry sein. Auch eine Wein-Sirup-Mischung (z.B. Holundersirup) schmeckt wunderbar. Nur Mut!

So kommt das Huhn in den auf 220 Grad vorgeheizten Backofen. Nach 20 Minuten lege ich die Bruststücke mit dazu. Nach rund 40 Minuten ist das Huhn gar. Ich nehme den Bräter aus dem Backofen, angle die Hühnerteile heraus und lege sie auf ein Platte, so werden sie im ausgeschalteten Backofen warm gestellt. Nun wird der Bratensaft durch ein Sieb abgegossen. Wer Kalorien sparen möchte, entfettet ihn in einem Entfettungskännchen.

Während das Perlhuhn im Ofen war, habe ich die Linsen in leicht gesalzenem Wasser weich gekocht und abgeschüttet, so dass sie gut abtropfen können. Es sollten unbedingt kleine, feste Linsen sein, also die grünen aus Frankreich (Lentilles de Puy) oder andere Sorten, wie die Beluga-Linsen.

Nun geht es schon ans Finish: Der Bratensaft kommt in einen Topf, darin werden die Trauben zusammen mit den Linsen erhitzt. Das klingt ganz unspektakulär. Aber: Die Linsen zusammen mit dem Bratensaft des Perlhuhnes und den Trauben ergeben eine derart perfekte geschmackliche Kombination, dass das Perlhuhn Gefahr läuft, zur Beilage zu werden, und nicht umgekehrt. Statt Trauben kann man auch etwas anderes nehmen, zum Beispiel Ananasstückchen, oder – dann kommt die Süße allerdings wesentlich deutlicher zum Tragen – grob gehackte Datteln oder Feigen.

Zum Schluss wird angerichtet: Eine Ladung dieser saftigen Linsen auf den Teller, ein Stück vom Huhn darauf gelegt – fertig. Wer mag, kocht noch ein paar in Butter geschwenkte Pellkartoffeln dazu. Mir genügt ein Stück frisches Baguette. Übrigens: Das Schmorgemüse sieht meist nicht mehr besonders einladend aus, vielleicht hat es schon einige dunkle Stellen. Es schmeckt aber prima. Servieren Sie es auf einer extra Platte, es wird seine Abnehmer finden.

Thailändisches Hühnchen

Die Einkaufsliste

für vier Personen:

- *Vier bis sechs Hähnchenschlegel*
- *400 Milliliter ungezuckerte Kokosmilch*
- *ein Schuss Wasser, drei Schalotten*
- *ein bis zwei gestrichene Esslöffel Currypaste*
- *zwei Stangen Zitronengras*
- *vier Kaffir-Limetten-Blätter*
- *eine halbe Handvoll Korianderblätter,*
- *ein Esslöffel Fischsauce oder etwas Salz,*
- *ein Teelöffel Zucker,*
- *ein Esslöffel Limettensaft oder Zitronensaft, Öl zum Anbraten*
- *200 Gramm Erbsen*
- *200 Gramm Spinat*
- *Beilage: Reis*

Die thailändische Küche steht bei uns hoch im Kurs. Das ist auch kein Wunder. Denn sie spielt nicht nur mit verlockenden Aromen, sie ist – zumindest in ihren Grundzügen – auch recht unkompliziert zuzubereiten und damit der italienischen sehr ähnlich. Und sie stillt vor allem dann, wenn Kokosmilch zum Einsatz kommt – und das ist bei ihr oft der Fall – unser aller Lust auf herzhafte, sämige Saucen.

Immer mehr Lebensmittelgeschäfte bauen deshalb auch ihre Asien-Regale aus, so dass man die wichtigsten Zutaten nicht mehr nur in den Spezialgeschäften der großen Städte findet. Entscheidende Basiszutaten für unser heutiges Rezept sind ungezuckerte Kokosmilch, die es in Dosen gibt, ferner Currypaste. Als Gewürz-Grundausstattung braucht man noch Zitronengras, Kaffir-Limetten-Blätter und Korianderblätter, und das alles möglichst frisch. Und dann noch Fischsauce. Und wenn es eine dieser Zutaten nicht gibt, dann bricht die Kochwelt auch nicht zusammen.

Zur Currypaste: Sie unterscheidet sich vom Currypulver grundlegend. Es handelt sich dabei um eine Mischung aus einer Vielfalt von Gewürzen, es gibt sie in den verschiedensten Geschmacksrichtungen und Schärfegraden. Gelbe, grüne und rote Currypasten sind das Standardrepertoire, ein gut sortierter Laden hat noch fünfzehn weitere Sorten im Programm. Da hilft nur eines: sich beraten lassen und ausprobieren, wobei ich meine, dass man mit der gelben oder der grünen Variante für den Anfang wohl am sichersten fährt. Zur Fischsauce: sie ist das thailändische Grundgewürz, sie ersetzt weitgehend das Salz, ist pur vollkommen ungenießbar, als Gewürz aber für asiatische Gerichte wichtig.

Die Zubereitung: Von den Hähnchenschlegeln die Haut abziehen, das Fleisch von den Knochen schneiden und dann grob würfeln. Natürlich kann man auch Brustfilets nehmen, das macht weniger Arbeit, aber das Fleisch wird viel schneller trocken und faserig als das vom Schlegel.

Nun gibt man in einen großen Topf etwas Öl und brät darin die fein gehackten Schalotten zusammen mit der Currypaste etwa eine Minute lang an. Dabei ständig umrühren. Wer bei Schärfe empfindlich reagiert, nimmt von der Currypaste allenfalls einen Esslöffel, sonst deren zwei. Nun gibt man das Wasser und die Kokosmilch dazu, schabt die Currypaste, die sich am Topfboden festgesetzt hat, ab, und lässt alles aufkochen. Dann werden Zitronengras und die Kaffir-Limetten-Blätter dazugegeben. Die Blätter gerade so, das Zitronengras schneidet man in etwa fünf Zentimeter lange Stücke, die man auch noch kräftig klopfen sollte, damit sie aufspringen und so ihr Aroma besser frei geben. Dann kommt das Hähnchenfleisch dazu. Und nun darf das alles leicht köchelnd garen, und zwar ohne Deckel auf dem Topf, damit sich die Sauce gleichzeitig etwas reduziert. Nach 20 Minuten ist das Fleisch gar. Nun fischt man die Kaffir-Blätter und die Zitronengrasstängel heraus, da man diese nicht essen kann, und schmeckt mit Fischsauce, Zucker und Limettensaft ab.

Und nun haben wir das Gemüse vergessen! Also zurück: die Erbsen – es wird sich zwangsläufig um tiefgekühlte handeln – lässt man auftauen und schüttet sie dann einfach fünf Minuten, bevor das Fleisch gar ist, in den Topf. Und den geputzten, tropfnassen Spinat lässt man vorher in einem Topf bei mittlerer Hitze drei bis vier Minuten zusammenfallen, dann drückt man ihn kräftig aus und schneidet ihn auf einem Brett mit einem Messer ein paar mal kreuz und quer durch. Diese Spinatstücke kommen während der letzten Minute auch noch in den Topf. Die Korianderblätter werden erst ganz zum Schluss, direkt vor dem Servieren, eingestreut.

So, das war es. Und hoffentlich haben Sie nicht vergessen, parallel dazu einen Topf Reis zu kochen, denn ohne Reis geht es natürlich nicht!

Zitronen-Knoblauch-Hähnchen

Einkaufszettel

für vier Personen:

- Ein bis zwei Hähnchen oder vier bis acht Hähnchenbeine- oder -brüste
- 12 Knoblauchzehen
- zwei bis drei Zweige Rosmarin
- etwa 1/4 Liter trockener Weißwein
- Saft von einer halben Zitrone
- Salz
- Pfeffer
- Olivenöl
- 500 Gramm Kartoffeln

Fünfzehn Minuten – länger muss man für dieses wunderbar aromatische Hähnchengericht nicht in der Küche stehen – versprochen. Danach muss noch alles 45 Minuten im Backofen schmurgeln, aber während dieser Zeit bedarf es allenfalls noch einmal eines kurzen Kontrollblicks. Und auch der Einkauf gestaltet sich erfreulich unproblematisch, denn auch die Zutatenliste ist kurz.

Für vier Personen braucht man ein bis zwei frische Hähnchen, die Menge hängt vom Appetit der Esser und von der Größe des Geflügels ab. Die Hähnchen müssen zerlegt werden: Beine, Flügel, und die beiden Brusthälften. Wer ein scharfes Messer hat und die richtigen Schnittstellen kennt, erledigt das im Handumdrehen. Wer vor dieser Arbeit aber zurückschreckt, kauft einfach nur Hähnchenschlegel oder Hähnchenbrust und erspart sich damit das Zerlegen. Mit einer Ausnahme: die Hähnchenbeine schneide ich immer am Gelenk entzwei, so bekommt man handlichere Stücke. Alle Teile werden sodann kräftig mit Salz eingerieben, gepfeffert und mit Olivenöl eingepinselt. Ein flacher Bräter (oder ein Backblech mit Rand, das geht genau so gut) wird ebenfalls dünn mit Olivenöl eingepinselt und darin bzw. darauf werden nun die Hähnchenteile nebeneinander gelegt, mit der Hautseite nach oben.

Nun kommt der Knoblauch an die Reihe. Die Zehen bleiben ganz und auch die Schale bleibt dran. Das manchmal etwas umständliche Schälen der Knoblauchzehen kann man sich hier also auch sparen. Sie werden ebenfalls mit Olivenöl bepinselt und dann einzeln gleichmäßig verteilt zwischen die Hähnchenteile gesteckt. Dann kommen noch ein paar Zweiglein vom Rosmarin dazu. Nun wird ein bisschen Weißwein angegossen und der Zitronensaft über alles geträufelt. Man sollte nicht zuviel Flüssigkeit angießen, höher als einen halben Zentimeter braucht sie nicht zu stehen, denn schwimmen soll das Fleisch nicht. Diese Fuhre kommt in den auf 200 Grad vorgeheizten Backofen, mittlere Einschubleiste, wo nun alles ohne weitere Beaufsichtigung etwa 45 Minuten vor sich hin braten darf. Lediglich während der letzten fünf Minuten kann man – wenn die Haut noch nicht braun und kross genug ist – den Grill mit dazu schalten.

Der Clou bei diesem Gericht sind die Knoblauchzehen. Diese werden durch das Garen in der Schale ganz weich und mild und schmecken einfach köstlich, weshalb die anfangs vielleicht erschreckende Menge von zwölf Zehen für vier Personen eher ein Minimum darstellt. Auf dem Teller drückt man die weiche Knoblauchmasse mit dem Messer aus der Schale und streicht sie auf das Hähnchenfleisch oder auf ein Baguette, das als Beilage ohne weiteres ausreicht – zumal man mit dem Brot auch noch die leckere Soße aus Wein, Zitronen- und Fleischsaft auftunken kann. Diese Soße entsteht ohne weiteres Zutun quasi automatisch nebenher. Der auf diese Weise gegarte Knoblauch hat auch bei weitem nicht die durchschlagende Geruchswirkung, wie es bei rohem der Fall wäre. Die Franzosen, die diese wunderbare Art, die Knoblauchzehen in ihrer Schale zu garen, vermutlich erfunden haben, bezeichnen das „en chemisette", also im Hemdchen gegart.

Eine sehr praktische Zubereitungsvariante ist folgende: wenn der Bräter groß genug und zwischen den Hähnchenteilen und den Knoblauchzehen noch ein bisschen Platz ist, kann man noch rohe Kartoffeln dazwischen legen. Große Kartoffeln werden geachtelt, kleine geviertelt und ebenfalls leicht mit Olivenöl eingepinselt. Wenn es schöne Exemplare sind, muss man sie nicht einmal schälen. Diese Kartoffelstücke haben die angenehme Eigenschaft, genau in der selben Zeit wie das Hähnchen gar zu sein. Und sie schmecken zusammen mit dem Knoblauch ebenfalls ganz prima. Und so hat man mit einem einzigen Arbeits- und Kochgang sogar noch die Kartoffeln fertig gegart. Jetzt fehlt allenfalls noch eine Schüssel Salat.

Couscous

Einkaufszettel

für vier Personen:

- *vier bis sechs Hähnchenschlegel*
- *eine mittelgroße Zwiebel*
- *zwei bis drei Knoblauchzehen*
- *ein Kilogramm gemischtes Gemüse*
- *ein daumengroßes Stück Ingwer*
- *jeweils eine Messerspitze gemahlener Zimt und Nelken*
- *ein halber Teelöffel gemahlenes Kurkuma*
- *150 Gramm Rosinen*
- *50 Gramm Pinienkerne*
- *400-Gramm-Glas Kichererbsen*
- *500-Gramm-Packung Couscous*
- *Petersilie*
- *Olivenöl*
- *Salz, Pfeffer*

Couscous ist Hartweizengrieß. Zusammen mit etwas Brühe, einigen Gemüsen, etwas Hähnchenfleisch, ein paar Gewürzen, Rosinen und noch ein paar weiteren Kleinigkeiten wird daraus das Gericht gleichen Namens. In den arabischen Ländern gehört es zur Nationalspeise – kein Wunder, ist es doch ein ausgesprochen aromatisches und leichtes Essen, das problemlos auch für eine größere Gästeschar zubereitet werden kann.

Bei der Auswahl der Gemüse lässt man seinen Vorlieben freien Lauf. Möhren, Zucchini, Paprikaschoten, alles, worauf man Lust hat, wird geputzt und in nicht zu kleine Stücke geschnitten. Beim Fleisch eigenen sich Hähnchenschlegel sehr gut. Sie sind unproblematisch in der Handhabung und bleiben saftiger als Hähnchenbrust. Natürlich schmeckt ein Lamm-Couscous auch hervorragend. Und wer es lieber vegetarisch mag: ein reiner Gemüse-Couscous ist nicht die schlechteste Variante.

Wenn wir uns für Hähnchenschlegel entschieden haben, werden diese am Gelenk durchgeschnitten, so dass man handlichere Stücke bekommt. In unserem größtem Suppentopf werden sie in etwas Olivenöl ringsum hellbraun angebraten, das dauert etwa fünf Minuten. Während der letzten zwei Minuten kommt noch die in feine Streifen geschnittene Zwiebel dazu, damit auch sie etwas Farbe annimmt. Sodann kommt Wasser in den Topf, etwa ein Liter. Das Fleisch sollte zwei Finger breit mit Wasser bedeckt sein. Ferner geben wir die Gewürze dazu: den fein gewürfelten Knoblauch, den frischen geriebenen Ingwer, Zimt, Nelken, Kurkuma. Alles einmal kräftig aufkochen und dann auf kleiner Flamme 40 Minuten leise köcheln lassen, dann ist das Hähnchenfleisch weich.

Damit die Gemüse nicht verkochen, geben wir sie nicht gleich am Anfang in den Topf mit dazu, sondern nacheinander. Paprikaschoten und Möhren etwa 15 Minuten vor dem Ende der Garzeit, Zucchini brauchen nicht so lange, ihnen genügen fünf Minuten. Ganz zum Schluss, während der letzten Minute, gibt man noch die Rosinen und die Kichererbsen dazu. Die Kichererbsen kommen aus dem Glas, sie sind schon gekocht, müssen also nur noch warm werden.

Nun wird entweder mit einer Siebkelle alles Fleisch und Gemüse aus der Brühe herausgenommen, auf eine Platte gelegt und im auf 100 Grad vorgeheizten Backofen warm gestellt. Oder aber man gießt die Brühe durch ein Sieb ab, lässt Fleisch und Gemüse im Topf und stellt diesen warm. Auf jeden Fall brauchen wir nun die pure Brühe, denn mit ihr wird der Couscous zubereitet. Die Brühe zuerst noch mit Salz und Pfeffer abschmecken und aufkochen. Für die Couscous-Zubereitung hält man sich an die Packungsangaben. Es gibt vorgegarte Sorten (sehr praktisch), da genügt es, die Körnchen mit heißer Brühe zu begießen und fünf Minuten ausquellen zu lassen. Andere brauchen länger.

Und schon geht es auf die Zielgerade: Der fertige Couscous wird auf eine vorgewärmte Platte gehäuft und mit den Gemüsen und Fleischstücken um- oder belegt. Gut macht es sich, wenn man gehackte Petersilie und ein paar frisch geröstet Pinienkerne obenauf streut. Die verbliebene Brühe kommt extra auf den Tisch. Zum Essen eignen sich am besten Suppenteller. Denn wenn man sich Couscous, Fleisch und Gemüse auf den Teller genommen hat, kommt noch ein kleiner Schöpfer von der Brühe obenauf, damit zum Schluss das Essen eine ganz leicht suppige Konsistenz hat. Wer es scharf mag, rührt jetzt noch etwas Harissa hinein, das ist die feurige rote Chili-Paste.

PS: Es gibt auch Hirse-Couscous, mit dem habe ich keine Erfahrung. Die Gewürze, vor allem Nelke, Zimt und Kurkuma, schmecken sehr intensiv, also Vorsicht bei der Dosierung und lieber nachwürzen.

Eingemachtes Kalbfleisch

Einkaufszettel

für vier Personen:

- Ein Kilogramm Kalbfleisch von der Brust oder vom Hals
- 20 Gramm Butter
- 20 Gramm Mehl
- ein Viertelliter trockener Weißwein
- ein Becher Sahne
- drei Schalotten
- ein Lorbeerblatt, eine Nelke
- zwei Karotten
- ein kleines Stück Sellerieknolle (halbe Größe einer Faust)
- ein Zweig Thymian
- Saft von einer halben Zitrone
- Muskat, Salz, Pfeffer
- Schnittlauch

Hier widmen wir uns wieder einmal einem Klassiker. Er hört auf den Namen „eingemachtes Kalbfleisch" und verwöhnt den Gaumen unter anderem mit einer samtigzarten und vollkommen päcklefreien Soße. Da die Zahl der Restaurants, die sich um ihn kümmern, leider verschwindend gering ist, bleibt nichts anderes übrig, als selbst zur Tat am Herd zu schreiten. Was umso leichter fällt, als die Zubereitung alles andere als ein Hexenwerk ist. Wie fast immer steht und fällt der Erfolg in der Küche auch hier nicht so sehr mit dem ausgefeilten handwerklichen Geschick der Köchin oder des Kochs, sondern mit der Qualität der Zutaten. Selbst mit zwei linken Händen bekommt man das eingemachte Kalbfleisch wohl noch hin, mit einer minderwertigen Fleischqualität aber ist alle Mühe vergebens.

Das Fleisch sollte etwas durchwachsen sein. Die Brühe – Grundlage für die Soße – wird besser, überhaupt der gesamte Geschmack des Gerichtes verfeinert sich. Also lieber beim Essen mal ein Stückchen Fett wegschneiden, als von vornherein zu mageres Fleisch verwenden. Stücke von Brust oder Hals sind deshalb besonders gut geeignet.

Das Fleisch wird in Würfel geschnitten, sie sollten nicht zu klein sein, ein grob geschnittenes Gulasch kann als Richtmaß dienen. Die Karotten und der Sellerie werden geputzt und grob gewürfelt, dasselbe passiert mit einer der drei Schalotten. Dann wird der Weißwein in einen Topf gegeben, die Fleischstücke kommen dazu, ferner Karotten, Sellerie, Schalotte, Lorbeerblatt, Nelke und Thymian. Mit Wasser wird aufgegossen, so dass alles gerade so bedeckt ist. Der Deckel kommt auf den Topf, einmal kräftig aufkochen lassen, dann die Hitze zurückdrehen, und nun muss alles ganz leicht blubbernd eine knappe Stunde vor sich hin köcheln. Nach 45 Minuten wird mal ein Fleischstück zur Kontrolle probiert. Zart und weich sollte es sein und dennoch Biss haben, so ist es ideal. Dann wird alles durch ein Sieb abgegossen und die Brühe aufgefangen. Karotten, Sellerie und Gewürze haben ihren Dienst getan und können heraus geklaubt werden, nur die Fleischstücke werden noch gebraucht.

Nun geht es an die Zubereitung der Soße. Hierzu werden zunächst die beiden restlichen Schalotten sehr fein gewürfelt und in einem Topf in der Butter glasig gedünstet. Dann siebt man das Mehl dazu, das sich unter kräftigem Rühren mit der Butter verbindet. Auf kleinster Flamme lässt man das noch ein bis zwei Minuten anschwitzen. Immer dabei rühren und darauf achten, dass nichts braun wird. Dann wird unter heftigem Einsatz des Schneebesens ein halber Liter von der Fleischbrühe dazu gegossen, zunächst ganz langsam, dann etwas schneller. Und schon haben wir die – hoffentlich klümpchenfreie – Grundsoße. Die Sahne kommt dazu, mit Salz, Pfeffer, Muskat und Zitronensaft wird abgeschmeckt. Die Fleischstücke kommen in die Soße, und alles zusammen sollte noch fünf bis zehn Minuten durchziehen. Die Konsistenz der Soße lässt sich in dieser Zeit durch Einkochen oder die Zugabe weiterer Fleischbrühe problemlos dem persönlichen Geschmack anpassen.

Als Beilage gibt es breite Nudeln, und wenn jeder seine Portion auf dem Teller hat, wird noch fein geschnittener Schnittlauch darüber gestreut.

Das war das Grundrezept. Reizvolle Alternativen, die wenig zusätzlichen Aufwand erfordern, sind beispielsweise folgende: Ein paar in feine Streifen geschnittene Steinchampignons, die in etwas Öl in einer Pfanne scharf angebraten werden und zum Schluss in die Soße gegeben werden. Oder aber zwei gehäufte Teelöffel Kapern. Die passen sehr gut zum Kalbfleisch und die Soße ähnelt dann der, wie sie zu Königsberger Klopsen serviert wird.

Eintopf mit Lammfleisch und Bohnen

Einkaufszettel

für vier Personen:

- *Ein Kilogramm Lammfleisch*
- *für die Brühe ein Lorbeerblatt*
- *ein Teelöffel Pfefferkörner*
- *eine kleine Zwiebel*
- *eine Knoblauchzehe*
- *eine Karotte, Suppengrün*
- *800 Gramm Buschbohnen*
- *zwei Schalotten*
- *eine Knoblauchzehe*
- *500 Gramm fest kochende Kartoffeln*
- *Butter, Salz, Pfeffer*
- *ein Teelöffel abgeriebene Schale von einer Bio-Zitrone*

Wenn man in Baden an gekochtes Fleisch denkt, dann in erster Linie oder sogar fast ausschließlich an Ochsen- oder Rindfleisch. Diese Beschränkung engt den kulinarischen Blickwinkel doch etwas ein. Lammfleisch beispielsweise eignet sich mindestens genau so gut wie Ochsenbrust, in gekochtem Zustand verspeist zu werden. Und dann ist dieses Rezept auch gleich noch ein Beleg dafür, dass Eintöpfe nicht unbedingt schwere Gerichte für die kalte Jahreszeit sein müssen. Dieser Eintopf hier garantiert auch an warmen Tagen einen leichten und unbeschwerten Genuss.

Wir brauchen ein Stück Lammfleisch von rund einem Kilogramm Gewicht. Wer es mager mag, nimmt Keule, die Liebhaber der etwas durchwachsenen Stücke greifen zur

Schulter. Der Metzger soll das Stück gleich ausbeinen. Den Knochen nehmen wir mit nach Hause für die Brühe. Nun setzen wir einen großen Topf mit Wasser auf und geben all das hinein, was wir auch beim Kochen eines Stück Ochsenfleisches hineingeben würden: ein Lorbeerblatt, ein paar Pfefferkörner, eine halbierte Zwiebel, eine geschälte Knoblauchzehe, eine Karotte, eine Handvoll Suppengrün wie Petersilie und Selleriekraut. Sobald das Wasser kocht, legen wir das Fleisch mitsamt dem Knochen hinein. Nach etwa einer Stunde leicht blubbernden Köchelns ist es fertig. Lammfleisch braucht zum Garen nicht so lange wie Ochsenfleisch, und die dünneren Stücke der Schulter sind etwas schneller durch als die kompaktere Keule. Im Zweifel muss man zwischendurch mal ein kleines Stück abschneiden und probieren.

Während das Fleisch kocht, kümmern wir uns um die restlichen Zutaten. Diese bestehen nur noch aus Gemüse. In Anbetracht der Tatsache, dass Lamm und Bohnen perfekte Partner sind, nehmen wir reichlich Bohnen und zur Abrundung noch ein paar Kartoffeln. Die Bohnen werden geputzt und in etwa fünf Zentimeter lange Stücke geschnitten. Dann werden zwei Schalotten und eine Knoblauchzehe fein gewürfelt und in einem Topf in etwas Butter glasig bis goldgelb angedünstet. Die Bohnen und einen Zweig Bohnenkraut dazu geben, knapp mit Wasser bedecken, salzen und die Bohnen weich kochen. Wie weich, ist Geschmackssache. Ich gehöre bei Bohnen auf jeden Fall nicht zur al-dente-Fraktion. Noch ein kleiner, aber recht wirksamer Hinweis: Bohnen, gleichgültig ob Busch- oder Stangenbohnen, immer im offenen Topf ohne Deckel kochen. So verfärben sie sich nicht so leicht in Richtung gelb-braun, sondern bleiben schön grün. Das hat irgend etwas mit den Gasen zu tun, die sich beim Kochen von Bohnen bilden und die, wenn sie nicht abziehen können, die Bohnen unschön verfärben. Wenn man sie dann noch nach dem Kochen in ein Sieb schüttet und kräftig mit kaltem Wasser abbraust, tut man ein Übriges, um die grüne Farbe zu erhalten. Parallel dazu kochen wir die Kartoffeln, die dann gepellt und in mundgerechte Würfel geschnitten werden.

Nun geht es auch schon an die Endfertigung des Eintopfes. Das Lammfleisch wird ebenfalls gewürfelt, Richtgröße: Gulasch. Zusammen mit den Bohnen und den Kartoffeln kommt alles in einen Topf. Ein paar Schöpfer von der Lammbrühe dazu geben, so dass alles gerade so bedeckt ist. Wem das zu kräftig nach Lamm schmeckt, nimmt Gemüse- oder Rinderbrühe. Dann kommt noch eine Handvoll frisch gezupftes Bohnenkraut dazu. Mit Salz und Pfeffer wird abgeschmeckt. Alles zusammen darf jetzt noch bei ganz kleiner Flamme ein paar Minuten durchziehen. Um der abschließenden Würzung noch Raffinesse zu geben, reibe ich jetzt noch frische Zitronenschale hinein. Ein gestrichener Teelöffel voll genügt. Wer noch eine Beilage braucht: mit einem Stück Baguette ist man gut bedient.

Gebratenes Kaninchen

Einkaufszettel

für vier Personen:

- *1 frisch geschlachtetes Kaninchen mit etwa 1,2 Kilogramm Gewicht*
- *drei Schalotten*
- *zwei Knoblauchzehen*
- *zwei Möhren*
- *eine Stange Staudensellerie*
- *zwei getrocknete Tomaten*
- *ein achtel Liter trockener Weißwein*
- *je ein Zweig Salbei und Rosmarin*
- *Salz, Pfeffer*
- *Olivenöl und 100 Gramm Oliven*

An Ostern hat man gerne einen schönen Braten auf dem Tisch, mit dem sich viele Mäuler ohne großen küchentechnischen Arbeitsaufwand stopfen lassen. Kaninchen beziehungsweise Stallhasen ernähren sich vorwiegend von Karotten und Salatblättern. Deshalb haben sie bislang auch alle Lebensmittelskandale unbeschadet überstanden, sie sind – und das versichert nicht nur unsere Landesregierung – BSE-frei, und so kann man mit einem Kaninchenbraten der Fleischeslust mit Genuss und ohne Reue frönen. Bei der Zubereitung empfehle ich die ganz und gar unaufwändige klassische italienische Art.

An einem Kaninchen ist nicht allzu viel dran. Ohne Kopf wiegt es nicht viel mehr als gut ein Kilogramm, ist für vier Personen also gerade mal ausreichend. Aber an Ostern gibt es sicherlich noch Vor- und Nachspeise, dann kommt man damit hin. Wer selbst kein Meister im Tranchieren ist, lässt es sich vom Metzger zerlegen: Vorderläufe, Hinterläufe und Bauchlappen abtrennen, den Rücken einmal quer teilen.

Schalotten, Knoblauch, Möhren und Sellerie werden geputzt und gewürfelt. Dabei kommt es auf die Größe nicht so entscheidend an. So genügt es zum Beispiel, die Knoblauchzehen und die Schalotten zu vierteln. Das spart schon mal eine Menge Schnippelarbeit. Die getrockneten Tomaten in feine Streifen schneiden. Zunächst werden die Kaninchenteile nicht zu zaghaft gesalzen und gepfeffert. Am besten ist es, wenn man das Salz ein bisschen einreibt. Dann werden die Stücke in einer Pfanne in Öl sehr kräftig angebraten, bis sie auf allen Seiten gut braun geworden sind. Dafür muss man sich ein paar Minuten Zeit nehmen.

Nun kommen die Kaninchenteile mit Ausnahme der Rückenstücke zusammen mit allen anderen Zutaten in einen leicht eingeölten offenen Bräter. Mit dem Weißwein löscht man den Bratensatz in der Pfanne ab und gießt ihn über das Kaninchen. Diese Fuhre kommt nun in den auf 200 Grad vorgeheizten Backofen. Die Rückenteile mit ihrem besonders zarten aber auch empfindlichen Fleisch, das schnell trocken wird, geben wir erst nach fünfzehn Minuten mit dazu.

Im Backofen schmurgelt das nun etwa 45 Minuten (Gesamtgarzeit, die Rückenteile also nur 30 Minuten) vor sich hin. Alle zehn Minuten schöpft man mit einem Löffel von dem Wein-Braten-Fond etwas über die Kaninchenteile. Das hat zwei Vorteile: zum einen wird damit die Gefahr des Austrocknens verringert, zum anderen erhält das Fleisch auf diese Weise eine Art Glasur, was dem Geschmack sehr zugute kommt. Falls die Flüssigkeit nicht ausreicht, gibt man noch einen kleinen Schuss Wein dazu. Wichtig jedoch: nicht zu viel Flüssigkeit angießen, denn das Fleisch sollte auf keinen Fall im Wein schwimmen. Während der letzten zehn Brat-Minuten kommen noch die Oliven mit dazu. Diesen Hinweis gebe ich allerdings nur unter Vorbehalt. Ich weiß, dass Oliven für viele zum italienischen Kaninchen unbedingt dazugehören, ich kann heiße, gegarte Oliven nicht ausstehen.

Wenn das alles fertig ist, haben wir nur ganz wenig Soße, die allerdings schmeckt, zusammen mit dem Schmorgemüse, wunderbar kräftig. Da passen recht gut die folgenden Kartoffeln dazu, da sie mit wenig Soße auskommen: Kartoffeln – es sollten halbfest kochende sein – werden in der Schale gekocht, gepellt und dann, je nach Größe, halbiert oder geviertelt. Diese Stücke kommen mit etwas Öl und, wer mag, mit ein paar Rosmarinnadeln, in eine Pfanne mit etwas Olivenöl. Dort werden die Kartoffelstücke leicht angebraten, bis sie ringsum eine schöne braune Färbung haben. Salzen und pfeffern nicht vergessen.

Häufig sind bei Kaninchen die Nieren und die Leber noch mit dabei. Wenn das der Fall ist, haben wir Glück gehabt, denn dann ist das Thema Vorspeise auch schon im Handumdrehen mit erledigt. Die Nieren und die Leber werden in sehr dünne Scheiben geschnitten und in einer Pfanne in Butter nur ganz, ganz kurz aber kräftig angebraten. Das ist eine Sache von gerade mal einer Minute. Zuvor schon haben wir Baguette-Scheiben getoastet und mit der Schnittfläche einer halbierten Knoblauchzehe leicht eingerieben. Dann die Leber- und Nierenscheiben frisch aus der Pfanne auf die Brotscheiben legen, salzen, pfeffern und mit Salat servieren.

Gefüllte Kalbsbrust

Einkaufszettel

für vier Personen:

- *Eine Kalbsbrust von etwa 1,5 Kilogramm Gewicht, vom Metzger eine Tasche hinein schneiden lassen*

Für die Füllung:

- *vier bis fünf altbackene (ein bis zwei Tage alte) Brötchen*
- *ein achtel Liter Milch*
- *je nach Größe vier bis fünf Eier*
- *drei Schalotten*
- *1 Bund Petersilie*
- *Salz, Pfeffer, Muskat*
- *ein paar getrocknete Steinpilze*
- *Ein Viertelliter Rotwein zum Angießen*

Dass an Ostern Lammkeulen in den Backofen kommen, hat sich herumgesprochen. Womit aber stopft man am zweiten Feiertag die sechs bis acht hungrigen Mäuler, die sich erneut und erwartungsfroh um den Tisch versammelt haben? Mit einer gefüllten Kalbsbrust! Das klingt kompliziert, ist aber gar nicht so schwierig.

Die handwerklich diffizilste Arbeit erledigt ohnehin der Metzger, indem er in eine etwa 1,5 Kilogramm schwere Kalbsbrust eine Tasche für die Füllung schneidet. Wir machen eine klassische Brotfüllung. Sie ist leichter und schmeckt mir besser als eine Fülle aus Fleischbrät. Fleisch mit Fleisch zu füllen ist ja nicht besonders einfallsreich. Und zudem ist eine solche Brotfüllung eine vollwertige Beilage. Kartoffeln oder Nudeln zu kochen, können wir uns also sparen. Lediglich ein Gemüse gehört noch dazu – gelbe Rüben, gekocht und in Butter geschwenkt, passen bestens.

Zur Füllung:
Die Brötchen würfeln (Richtmaß: Würfelzuckergröße) und in eine Schüssel geben. Die Milch erhitzen, gleichmäßig über die Brotwürfel verteilen, mit einem Deckel oder Teller abdecken und fünf Minuten durchziehen lassen. In der Zwischenzeit die Schalotten sehr fein schneiden, in einer Pfanne in etwas Butter andünsten und dann zusammen mit der fein geschnittenen Petersilie noch etwa fünf Minuten lang garen. Diese Mischung kommt nun zu den Brotwürfeln, die Eier werden hinein geschlagen, Salz, Pfeffer und Muskat dazu geben und nun alles mit den Händen locker vermengen. Diese Masse darf nicht zu trocken, auf gar keinen Fall aber zu feucht oder gar nass sein. Deshalb ist es sinnvoll, ein paar Brotwürfel ebenso wie etwas heiße Milch in Reserve zu halten, um bei Bedarf korrigierend eingreifen zu können. Zum Schluss sollte die Masse etwa so sein, wie wenn man einen Semmelknödel machen möchte. Für das Aroma der Füllung macht es sich sehr gut, wenn man ein paar getrocknete Steinpilze im Mörser fein zerstößt und wie ein Gewürz zur Füllung gibt.

Mit dieser Brotmasse wird nun die Kalbsbrust gefüllt. Aber nur zu etwa drei Vierteln, da sich die Fülle beim Schmoren ausdehnt und den Braten sonst zum Platzen bringen könnte. Nun muss das gute Stück noch zugenäht werden. Dazu braucht man Küchengarn und eine grobe Nadel. Ein paar Rundstiche, und die Öffnung ist zu. Keine Bange, das kann jeder, der schon mal einen Riss in einer Jeans zusammengezogen hat. Die gefüllte Kalbsbrust leicht mit Olivenöl einpinseln, salzen und pfeffern und in einen offenen Bräter legen, etwas Wein angießen und rund zwei Stunden im auf 200 Grad vorgeheizten Backofen braten. Mehr ist nicht nötig, kein Wenden, nichts. Vielleicht zwischendurch ein paar mal mit der Bratenflüssigkeit beschöpfen und, falls nötig, noch etwas Wein nachgießen. Nach zwei Stunden das Fleisch herausnehmen, warm stellen, den Bratensatz ablöschen, etwas einkochen, abschmecken, einen Schuss Sahne dran geben, und schon hat man auch die Soße.

Die Kalbsbrust in gut fingerdicke Scheiben schneiden und mit dem Gemüse und der Soße servieren.

Grillen

Einkaufszettel

für vier Personen:

Knoblauch-Mayonnaise:

- *Zwei Eigelbe*
- *ein Viertelliter Olivenöl*
- *Salz*
- *Pfeffer*
- *Zitronensaft*
- *ein bis zwei Knoblauchzehen*
- *eventuell ein bis zwei Chilischoten und eine gekochte Kartoffel*

Eingelegte Champignons:

- *400 Gramm Steinchampignons*
- *Saft von einer halben Zitrone*
- *Salz*
- *Pfeffer*
- *Olivenöl*
- *eine Knoblauchzehe*
- *ein Bund glatte Petersilie*

Provenzalische Tomaten:

- *Ein Kilogramm Tomaten*
- *drei Knoblauchzehen*
- *ein Bund glatte Petersilie*
- *Olivenöl*
- *Salz*
- *Pfeffer*

Mit Beginn der Grillsaison wird es nicht mehr lange dauern, bis sich – wie in all den Jahren zuvor – auch wieder jene vehement zu Wort melden, denen das Grillen ein Gräuel ist und die in ihm nicht nur einen kulinarischen Tiefpunkt erblicken, sondern im grillenden Mannsbild auch gleich noch die leibhaftige Unkultur in Sachen Essgenuss. Bevor all diese Hohen Priester der Haute Cuisine ihre geschmäcklerischen Abfälligkeiten über das Grillen verbreiten, möchte ich hier und jetzt ganz klar bekennen: ich grille gerne. Was gegen ein sorgfältig gegrilltes Lammkotelett einzuwenden ist, hat mir noch niemand klar machen können. Überhaupt das Fleisch: hier gilt es, bei der Qualität eher pingeliger zu sein als sonst. Wenn sich am Herd durch langwieriges Schmoren und andere küchentechnische Tricks vielleicht noch etwas retten lässt – der Grill verzeiht nichts: zäh bleibt unerbittlich zäh. Und im übrigen muss man doch nur die Industriesoße mit künstlichem Lagerfeuergeschmack im Supermarktregal stehenlassen und ein paar Dips und Beilagen selbst machen – und schon ist auch die Schlacht am Holzkohlengrill kulinarisch gewonnen.

Ein Muss ist die Knoblauch-Mayonnaise (Aioli), die ich vor allem deshalb selbst zubereite, weil ich statt des geschmacksneutralen Sonnenblumenöls kräftiges Olivenöl verwende, wodurch die Majo jenen herzhaften Grundgeschmack bekommt, den sie als Grillzutat unbedingt braucht. Die Eigelbe und eine Prise Salz werden in eine Rührschüssel gegeben, dann wird unter ständigem Einsatz des Handrührgerätes ganz langsam das Olivenöl dazu gegeben, zunächst nur tröpfchenweise, danach, wenn etwa ein Drittel untergerührt ist, in einem ganz dünnen Strahl. Wenn man darauf achtet, dass Eigelb und Öl Zimmertemperatur haben, dürfte nichts gerinnen. Dann wird mit Pfeffer, Zitronensaft und einer durchgedrückten Knoblauchzehe abgeschmeckt. Wer die Majo etwas strecken und damit auch leichter haben möchte, rührt, wenn die Paste fertig ist, noch eine gekochte und zerstampfte Kartoffel hinein. Falls die Mayonnaise doch gerinnen sollte: ein Esslöffel lauwarmes Wasser dazugeben und unterrühren, das hilft – fast – immer. Und wenn man dann noch im Mörser zerdrücke Chili-Schoten untermixt, hat man die scharfe Variante, bei den Franzosen als Rouille bekannt.

Bei den Beilagen gehören eingelegte Champignons zu meinen Favoriten. Die Hüte der Steinchampignons werden in dünne Scheiben geschnitten. Dann kommt ordentlich Zitronensaft darüber, Pfeffer und eine durchgedrückte Knoblauchzehe. Das alles gut vermischen und eine Viertelstunde durchziehen lassen. Dann das Olivenöl dazugeben und fein gehackte glatte Petersilie untermischen. Fertig.

Die Provenzalen sind, man denke nur an mit Rosmarin gewürzte Lammkotelettes, Weltmeister im Grillen. Provenzalische Tomaten sind eine ideale Beilage. Tomaten halbieren, mit einem Teelöffel Kerne herausholen. In unsere größte Pfanne kommt etwas Olivenöl, die Tomaten mit der Schnittfläche nach unten nebeneinander hineinlegen und bei milder Hitze 15 Minuten schmoren. In der Zwischenzeit werden die Knoblauchzehen und die Petersilie fein gehackt. Dann die Tomatenhälften umdrehen, salzen und in jede etwas Knoblauch und Petersilie geben. So lässt man sie weitere 15 Minuten schmoren. Zum Schluss wird kräftig gepfeffert. Schmeckt warm und kalt.

Lammbraten mit Zitrone

Einkaufszettel

für vier Personen:

- *Ein Kilogramm Lammbraten*
- *500 Gramm gemischtes Schmorgemüse (Karotten, Sellerie, Schalotten)*
- *eine halbe Bio-Zitrone*
- *ein Viertelliter trockener Weißwein*
- *Salz*
- *Pfeffer*
- *eine Prise Zucker*
- *ein Rosmarinzweig*
- *Olivenöl*
- *Kartoffeln und Gemüse als Beilage*

Dieser Lammbraten unterscheidet sich von herkömmlichen Rezepten in zwei Punkten: die Art, ihn zu würzen, ist eine andere, und die Art, ihn zu braten, erst recht. Diesmal ist die Zitrone das dominierende Gewürz, sie verdrängt hier sogar den beim Lamm sonst obligatorischen Knoblauch. Wer auf Knoblauch nicht verzichten möchte – kein Problem, er passt natürlich dazu. Aber er muss nicht sein. Im Gegenteil: das knoblauchfreie Lamm entfaltet zusammen mit der herzhaften Säure und dem Duft der Zitrone ein ganz besonders feines Aroma.

Wir brauchen ein Kilogramm Lammbraten – ein Stück aus der Keule eignet sich am besten. Das Fleisch wird ringsum gepfeffert und leicht mit grobem Meersalz eingerieben.

Dort, wo der Knochen war, werden ein Rosmarinzweig sowie eine halbierte Zitronenscheibe platziert. Dann wird der Braten mit Küchengarn zusammengebunden, so dass er eine längliche, runde Form bekommt. Das mit dem Zusammenbinden ist kein Hexenwerk: wir machen eine zusammenziehbare Schlaufe nach dem Vorbild eines Lassos (Kinder an den Herd!), schieben sie über den Braten, zusammenziehen, verknoten, fertig. Das macht man an drei bis vier Stellen im Abstand von ein paar Zentimetern, damit ist das Stück in Form gebracht. Das geht mit vier Händen natürlich einfacher als mit zwei.

Die Schmorgemüse werden grob gewürfelt, die restliche Zitrone wird in Scheiben geschnitten – die Kerne entfernen, sie können einen leicht bitteren Geschmack verursachen. Ein Wort zur Zitrone: sie sollte, nein, sie muss bio sein. Denn sie wird komplett mit der Schale verwendet. Da nutzt es nichts, wenn sie als „unbehandelt" deklariert ist. Das bedeutet nur, dass die Frucht nach der Ernte nicht weiter manipuliert, also z.B. gewachst, wurde. Ob und wie man sie vorher malträtiert, also beispielsweise gespritzt hat, oder wie der Strauch gedüngt wurde, darüber sagt die Bezeichnung „unbehandelt" überhaupt nichts aus.

Nun nehmen wir unseren größten Schmortopf. Darin wird Olivenöl erhitzt und das Fleisch ringsum kräftig angebraten. Das Fleisch herausnehmen und dann die Schmorgemüse nebst Zitronenscheiben ebenfalls kräftig anbraten und mit einem guten Schuss Weißwein ablöschen. Das Fleisch zurück in den Schmortopf zum Schmorgemüse legen, es sollte allenfalls einen Zentimeter tief im Wein liegen. Den Topf mit dem Deckel schließen. Und nun kommt die Fuhre in den auf nur 80 Grad vorgeheizten Backofen. Dort bleibt der Braten fünf Stunden, völlig unbeaufsichtigt und ohne dass man irgend etwas tun müsste.

Das ist Garen bei niedriger Temperatur. Die Vorteile: Man hat wirklich vier Stunden Ruhe. In dieser Zeit kann nichts schief gehen, nichts anbrennen. Bereiten Sie währenddessen die übrigen Gänge des Menüs zu oder gehen Sie zum Fußballspiel ins Stadion: den Braten können Sie in dieser Zeit vergessen. Ferner: das Fleisch wird wunderbar zart und bleibt saftig. Das kräftige Anbraten am Anfang hat nur einen geschmacklichen Grund: die Röststoffe, die dabei entstehen, bringen Aroma an die Soße. Beim Garen mit nur 80 Grad gibt es die sonst nicht. Nach vier Stunden wird die Soße, die sich im Topf gebildet hat, durch ein Sieb in einen anderen Topf abgegossen, etwas eingekocht und abgeschmeckt. Dabei macht sich auf jeden Fall eine Prise Zucker gut, das puffert die Zitronensäure ab.

Den Braten aufschneiden, mit Kartoffeln und Gemüse servieren. Wichtig: Platte und Essteller müssen gut vorgewärmt sein, da das Fleisch natürlich nicht so viel Hitze mitbringt wie beim herkömmlichen Baten.

Noch ein Wort zur Öko-Bilanz, falls hier Fragen auftauchen: Den Backofen auf 80 Grad erhitzen und dort vier Stunden halten verbraucht – wenn überhaupt – nur minimal mehr Strom, als ihn für eineinhalb Stunden auf 190 Grad zu puschen. Und noch ein Hinweis: Das alles funktioniert nur im Elektrobackofen, Gasbacköfen lassen sich nicht so genau regulieren. Und dann muss der Backofen die eingestellte Temperatur wirklich präzise halten. Wer da Zweifel an seinem Herd hat, sollte unbedingt mit einem Backofenthermometer kontrollieren.

Gebratene Lammkeule

Einkaufszettel

für sechs bis acht Personen:

- *Eine frische Lammkeule mit eineinhalb bis zwei Kilogramm Gewicht*
- *fünf Knoblauchzehen*
- *Schmorgemüse (vier Karotten, fünf Schalotten)*
- *zwei Lorbeerblätter*
- *zwei Zweige Rosmarin*
- *trockener Rotwein*
- *Salz*
- *Pfeffer*
- *Olivenöl*
- *Balsamico-Essig*
- *Beilage: Pellkartoffeln, Gemüse*

Wer für die Osterfeiertage vor hat, eine Runde von sechs bis acht Leuten zu bekochen, wer deswegen aber nicht stundenlang in der Küche stehen möchte und gleichzeitig sicher gehen will, dass so gut wie nichts schief gehen kann, selbst wenn man am Herd zwei linke Hände hat, der kommt an einer gebratenen Lammkeule kaum vorbei.

Wer dann noch bei einem soliden Metzger einkauft, der sein Lammfleisch von Bauern aus der Region bezieht, der ist endgültig auf der sicheren Seite. Die Gefahr, ein Stück Fleisch angedreht zu bekommen, das beim Braten eine Menge Wasser verliert und zu einem zähen Etwas zusammen schrumpelt, tendiert dann praktisch gegen Null.

Wie gesagt: es gibt kaum etwas einfacheres, als mit einer Lammkeule einen schmackhaften und obendrein eindrucksvollen Braten für eine größere Gesellschaft auf den Tisch zu zaubern. Mißlingen ist ausgeschlossen. Der Metzger hat die eineinhalb bis zwei Kilogramm schwere Keule bereits von einer zu dicken Fett- und Hautschicht befreit. Ob er auch den Knochen entfernen soll, ist Ansichtssache. Zum Braten ist es besser, wenn er drin bleibt, ganz einfach deshalb, weil die Keule im rohen Zustand nicht aufgeschnitten werden muß und somit beim Braten etwas saftiger bleibt. Andererseits ist es für jemanden, der kein Talent beim Tranchieren hat, viel einfacher, von der entbeinten Keule schöne Scheiben für die Gäste herunterzuschneiden. Ein Kompromiss kann so aussehen: Wenn der Metzger den Knochen entfernt, soll er die Keule aber gleich wieder mit Küchengarn zusammenbinden, damit die aufgeschnittene Stelle wieder geschützt ist. So etwas macht ein routinierter Metzger mit links, während man als Hobbykoch dabei die Krise kriegen kann. Ganz geschickte Metzger schaffen es übrigens, den Knochen so herauszuziehen, dass das Fleisch fast unverletzt bleibt. Auf jeden Fall wird auch der ausgelöste Knochen mitgenommen und neben die Keule in den Bräter gelegt, damit er noch Geschmack an die Soße abgibt.

Ich liebe es, wenn die Keule mit Knoblauch gespickt wird. Dazu brauchen wir ein Messer mit einer möglichst dünnen, spitzen Klinge. Damit piekst man ringsum sechs bis acht etwa vier Zentimeter tiefe Löcher ins Fleisch und drückt jeweils eine geschälte Knoblauchzehe (große Zehen sollte man halbieren) vollständig hinein. Das Fleisch wird auf diese Weise sehr schön vom Knoblaucharoma durchzogen. Wer das nicht mag, lässt diese Spickerei bleiben.

Nun wird die Keule ringsum mit Salz und Pfeffer gründlich eingerieben und zum Schluss mit Olivenöl eingepinselt (wer mit Kräutern aromatisiertes Öl hat: hier passt es). Dann kommt das gute Stück in einen offenen Bräter. Je ein Glas Wasser und Rotwein angießen und noch ein bisschen Schmorgemüse ringsum verteilen: gewürfelte Karotten, halbierte Schalotten, ferner zwei Lorbeerblätter und zwei Rosmarinzweige.

Bis jetzt haben wir allenfalls eine halbe Stunde in der Küche verbracht, und damit ist die meiste Arbeit auch schon getan. Nun kommt die Fuhre in den auf 220 Grad vorgeheizten Backofen. Nach einer Viertelstunde die Temperatur auf 180 Grad zurückdrehen. Nach gut einer Stunde ist die Keule fertig und innen noch rosa (pro 500 Gramm Gewicht rechnet man 15 bis 20 Minuten Bratzeit). Wer das Fleisch durchgebraten möchte, lässt die Keule pro Pfund fünf bis zehn Minuten länger im Ofen. Aber auf die Minute kommt es dabei wirklich nicht an. Zudem ist die Keule ja unterschiedlich dick. Man hat also ohnehin immer stärker und schwächer durchgebratene Teile und kann somit die unterschiedlichsten Wünsche der Gäste zufrieden stellen. Falls nötig, wird zwischendurch etwas Wein oder Wasser nachgegossen. Mehr an Überwachung braucht es nicht.

Wenn die Keule fertig gebraten ist, wird sie aus dem Ofen genommen, in Alufolie gewickelt und zurück in den ausgeschalteten Backofen gelegt. Dort darf sie noch eine Viertelstunde ruhen. Das verhindert, dass beim Aufschneiden größere Mengen Fleischsaft davon laufen. Diese Zeit wird genutzt, um aus dem Bratenfond eine Soße zuzubereiten. Man schüttet ihn einen Topf um, kocht ihn etwas ein und schmeckt mit Balsamico-Essig, Salz und Pfeffer ab.

Als Beilage gibt es in Butter und gehackter Petersilie geschwenkte Pellkartoffeln, ferner Gemüse. Es können die traditionellen grünen Bohnen sein, Blattspinat oder Karotten passen aber mindestens ebenso gut.

Ofenschlupfer

Einkaufszettel

für vier Personen:

Die herzhafte Variante:

- zwei bis drei altbackene Wasserwecken
- acht mittelgroße festkochende Kartoffeln
- 200 Gramm Pilze (Steinchampignons, Maronen)
- 100 Gramm Schalotten
- 200 Gramm durchwachsener, leicht geräucherter Speck
- vier Eier
- ein Viertelliter Milch
- ein Zweig Thymian
- ein Bund glatte Petersilie
- etwas Butter
- Muskat
- Salz, Pfeffer

Die süße Variante:

- acht altbackene Wasserwecken
- 500 Gramm mürbe Äpfel
- vier Eier
- ein Viertelliter Milch
- ein Becher süße Sahne
- 80 Gramm Vanillezucker
- je 50 Gramm Rosinen und Mandelsplitter
- etwas Zitronensaft

Der Ofenschlupfer ist eine kulinarisch tadellose Möglichkeit, altbackene Wasserwecken noch zu verwerten. Eigentlich gehört dieses urschwäbische Rezept in die Rubrik „Süßspeisen". Es gibt jedoch auch eine herzhafte Ofenschlupfer-Variante. Bei ihr spielen Pilze eine gewisse Rolle. Ein ideales Rezept also für alle, die vom Sonntagsspaziergang ein paar Maronen mitgebracht haben – zu wenige für ein reines Pilzgericht, jedoch gerade die richtige Menge für unser Rezept.

Die Kartoffeln werden in der Schale gekocht und dann gepellt. Sie können kalt sein und dürfen deshalb auch vom Vortag stammen. Die Kartoffeln werden in Scheiben geschnitten – nicht zu dünn, mindestens so dick wie für Bratkartoffeln. Auch die Wasserweckle werden in Scheiben dieser Dicke geschnitten. Nun kommen die Pilze an die Reihe: Maronen, Steinpilze, was immer wir gefunden haben. Ersatzweise leisten natürlich auch Steinchampignons ordentliche Dienste. Sie werden geputzt und ebenfalls in nicht zu dünne Scheiben geschnitten. Die Petersilie grob hacken. Damit der Geschmack der Pilze intensiver wird, werden sie nun zusammen mit der Petersilie kurz und kräftig in etwas Olivenöl in einer Pfanne angebraten. Aus der Pfanne nehmen und beiseite stellen. Die Schalotten fein würfeln und in etwas Butter oder Olivenöl bei sanfter Hitze goldgelb dünsten. Den Speck grob würfeln und in einer Pfanne kräftig anbraten. Speck und Schalotten vermischen. Damit sind die Vorarbeiten auch schon erledigt.

Nun brauchen wir eine feuerfeste Gratin- oder Auflaufform mit einer Größe von etwa 30 auf 15 Zentimetern. Diese wird mit Butter eingefettet – die Innenränder nicht vergessen! Die Hälfte der Schalotten-Speck-Mischung wird gleichmäßig auf dem Boden der Gratinform verteilt. Und nun kommt ein bisschen Bastelarbeit. Wie bei einem Kartoffelgratin werden nun die Kartoffelscheiben, die Brotscheiben und die Pilze abwechselnd und leicht übereinander lappend in die Form geschichtet. Dabei muss man das mit dem „abwechselnd" nicht allzu sklavisch befolgen. Und wer auf Optik ohnehin keinen großen Wert legt, kann auch alle Zutaten kunterbunt durcheinander in der Form verteilen.

Nun werden die Eier mit der Milch verquirlt, dann salzen, pfeffern und etwas Muskat hinein reiben. Die Blättchen vom Thymianzweig zupfen und ebenfalls in die Eier-Milch-Mischung geben. Diese wird sodann gleichmäßig über den Inhalt der Gratinform gegossen. Und als krönender Abschluss wird nun noch die zweite Hälfte der Schalotten-Speck-Mischung darüber verteilt.

Nun kommt die Fuhre für etwa 20 Minuten in den auf 200 Grad vorgeheizten Backofen. Fehlt nur noch eine Schüssel Salat, und das Essen ist fertig.

Und für die Liebhaber von Süßspeisen hier noch die klassische Variante:

Die Äpfel in dünne Spalten schneiden, das Kerngehäuse entfernen und mit Zitronensaft beträufeln. Die Wasserwecken in dünne Scheiben schneiden. Die Eier trennen. Milch, Sahne, Eigelbe und Vanillezucker verquirlen. Eiweiß steif schlagen und mit einem Schneebesen unter die Eiermilch heben.

Die Auflaufform ausbuttern und die Brot- und Apfelscheiben abwechselnd hinein schichten. Zwischendurch die Mandeln und die Rosinen verteilen. Zum Schluss alles mit der Eiermilch übergießen. Etwa 45 Minuten im Backofen bei 220 Grad backen. Dazu gibt es eine Vanillesoße.

Ossobuco

Einkaufszettel

für vier Personen:

- *vier Kalbshaxenscheiben jede vier bis fünf Zentimeter dick*
- *ein Kilogramm Fleischtomaten*
- *acht Schalotten*
- *vier Knoblauchzehen*
- *zwei Lorbeerblätter*
- *etwas Thymian und Rosmarin*
- *Salz, Pfeffer, Olivenöl,*
- *trockener Rot- oder Weißwein*
- *eine Prise Zucker und Balsamico-Essig zum abschmecken*

Für die Gremolata:

- *ein halber Bund Petersilie*
- *eine Knoblauchzehe*
- *eine unbehandelte Zitrone*

Das Dünsten und Schmoren auf einer dicken Gemüseschicht ist eine feine Sache. Das Gemüse als Grundlage bildet eine Schutzschicht zwischen dem Topfboden und dem darauf liegenden Fleisch oder Fisch und sorgt so für eine sehr schonende Zubereitung. Fleisch kann auf diese Art und Weise eine Stunde und länger fast unbeaufsichtigt vor sich hin schmurgeln, ohne dass etwas anbrennt. Und wenn etwas Fleischsaft austritt, dann verbindet sich dieser ganz automatisch und geschmacklich einwandfrei mit der Gemüsegrundlage.

Eines der feinsten Gerichte, das auf diese Art und Weise zubereitet wird, sind geschmorte Kalbshaxenscheiben, auf italienisch Ossobuco und eines der Lieblingsgerichte südlich der Alpen. Für das Originalrezept braucht man an Gemüsen vor allem

Selleriestangen, Möhren, Tomaten, Zwiebeln und Knoblauch. Ich habe mal eine etwas einfachere Variante ausprobiert, den Sellerie und die Möhren weggelassen und lediglich Tomaten, Schalotten und Knoblauch genommen, und ich muss sagen: das Ergebnis muss sich vor dem Original überhaupt nicht verstecken. Einige Esser am Tisch waren sogar der Meinung, Stangensellerie wirke schnell etwas aufdringlich im Geschmack und das feine Aroma des Kalbfleisches komme ohne ihn noch etwas besser zur Geltung.

Wir beginnen mit den Tomaten: sie werden ein paar Sekunden in kochendes Wasser gelegt und sodann enthäutet, entkernt und geachtelt. Die Schalotten und die Knoblauchzehen werden geschält und einmal der Länge nach geviertelt, das genügt, denn später verkochen sie ja ohnehin.

Die Beinscheiben müssen vor dem Schmoren auf beiden Seiten angebraten werden. Dabei sollte man auf folgendes achten: Die Scheiben haben außen herum eine kräftige Hautschicht, die sich auf der Stelle zusammenzieht, wenn sie mit Hitze in Berührung kommt. Dadurch werden die Scheiben in Sekundenschnelle krumm und bucklig, liegen nicht mehr flach in der Pfanne, und mit dem gleichmäßigen Anbraten ist es aus und vorbei. Um das zu verhindern, wird die Haut ringsum drei oder viermal quer vollständig durchgeschnitten – aber nur die Haut, das Fleisch darunter sollte möglichst verschont werden.

Die Beinscheiben werden nun gesalzen und gepfeffert und dann ganz dünn mit Mehl bestäubt – gerade so mit einem Hauch, mehr nicht. Das gelingt am besten, wenn man das Mehl in ein Teesieb gibt und so die Scheiben bepudert. Nun nehmen wir unseren größten Schmortopf und braten die Scheiben in etwas Olivenöl auf beiden Seiten kräftig an, so dass sie eine schöne braune Farbe bekommen.

Das Fleisch heraus nehmen, beiseite stellen und die Schalotten sowie den Knoblauch in den Bräter geben und kurz andünsten, so dass sie gerade goldgelb aber nicht braun sind. Dann wird mit einem achtel Liter Wein abgelöscht und mit dem Kochlöffel der Bratensatz vom Boden gelöst. Nun kommen die Tomaten, das Lorbeerblatt, der Rosmarin und der Thymian dazu – einmal alles verrühren – und zum Schluss werden die Fleischscheiben obenauf gelegt, wenn Platz ist, möglichst dicht an dicht nebeneinander.

Deckel drauf und bei ganz kleiner Flamme auf dem Herd schmurgeln lassen, so dass es gerade leicht blubb-blubb macht. Eine gute Fleischqualität ist nach rund einer Stunde zart und mürbe. Am besten nimmt man nach dieser Zeit eine Scheibe heraus und probiert ein Stückchen. Ferner sollte man die Beinscheiben nach einer halben Stunde wenden und gelegentlich nachschauen, ob sich noch etwas Flüssigkeit im Topf befindet und gegebenenfalls einen Schuss Wein nachgießen.

Wenn die Beinscheiben gar sind und im Topf noch zu viel Flüssigkeit ist, nimmt man die Scheiben heraus und kocht das Tomanten-Schalotten-Gemüse noch kurz ein. Zum Schluss sollte alles eine leicht sämige Konsistenz haben. Dabei wird auch abgeschmeckt: Salz, Pfeffer, ein Schuss Balsamico-Essig, eine Prise Zucker, etwas gehackte Petersilie – mehr wird man nicht brauchen.

Beim Original-Ossobuco-Rezept wird direkt vor dem Servieren noch ein gehäufter Esslöffel von einer Würzmischung über das Fleisch gestreut. Diese Würze heißt Gremolata und ist durchaus einen Versuch wert. Von der unbehandelten Zitrone wird die Schale abgerieben und mit der fein gehackten Petersilie sowie der durchgedrückten Knoblauchzehe vermischt.

Saltimbocca

Einkaufszettel:

- *Pro Person ein großes Kalbsschnitzel, das in zwei bis drei kleine zerschnitten wird*
- *Pro kleines Schnitzel*
  eine kleine Scheibe Parmaschinken
  ein Salbeiblatt,
  einen Holzzahnstocher
- *Salz,*
- *Pfeffer*
- *Butter*
- *vier bis fünf Esslöffel Marsala bzw. trockener oder halbtrockener Portwein*
- *ein Spritzer Zitronensaft*

Saltimbocca alla Romana heißen jene hauchdünnen, super zarten, mit Parmaschinken und einem Salbeiblatt belegten und in einer ganz kurzen Soße servierten Kalbsschnitzelchen, die wir im Italienurlaub immer so genießen und die, so will es ja schon ihr Name, praktisch wie von selbst in unseren Mund springen. Die Italiener, wir wissen es, sind Europameister (nicht Weltmeister, da müssen sie mit den Thailändern konkurrieren), wenn es darum geht, mit relativ geringem Aufwand in der Küche, dafür mit umso mehr Sorgfalt bei der Auswahl der Zutaten, schlichte Köstlichkeiten auf den Tisch zu bringen. Und weil sie tatsächlich so einfach zuzubereiten sind, sind diese Saltimbocca-Schnitzel geradezu prädestiniert, in dieses Kochbuch aufgenommen zu werden.

Der Einkaufszettel ist wirklich kurz. Ein Grund mehr, sich dafür bei der Fleischqualität auf keine Kompromisse einzulassen. Es muss wirklich erstklassiges Kalbfleisch sein, und zwar aus zwei Gründen. Kalbfleisch von natürlich aufgewachsenen Tieren hat durchaus einen kräftigen Eigengeschmack. Und den braucht es auch, sonst setzt es sich gegen den Parmaschinken und das Salbeiblatt nicht durch. Nur wässriges Turbo-Kalbfleisch sieht aschfahl aus und schmeckt nach nichts – was seltsamer Weise manche Menschen gut finden. Und dann muss das Schnitzel zart und saftig sein beziehungsweise auch bleiben.

Ein Schnitzel im bundesdeutschen oder gar österreichischen Normalformat, also den Tellerrand überlappend, ist für die Saltimbocca-Zubereitung zu groß. Der Schinken und vor allem das Salbeiblatt würden sich darauf verlieren. Deshalb schneiden wir es in zwei oder drei Stücke. Größer als eine Handfläche sollte jedes Teil nicht sein. Diese Schnitzel werden leicht geklopft (mit dem Handballen kurz und kräftig draufhauen reicht) und nur auf einer Seite gesalzen – der Parmaschinken versorgt die andere Seite mit ausreichend Salz – und beidseitig gepfeffert. Auf die salzfreie Seite legen wir nun ein Stück Parmaschinken, das etwas kleiner als das Schnitzel sein sollte. Darauf kommt ein ganzes Salbeiblatt. Mit einem Holzzahnstocher wird das alles kurz und bündig zusammen gesteckt.

Ausnahmsweise nehmen wir hier zum Braten kein Olivenöl, sondern Butter, und zwar nicht zu knapp. Sobald die Butter in der Pfanne heiß und aufgeschäumt ist – sie darf ruhig leicht bräunen –, kommen die Schnitzel hinein, drei Minuten auf jeder Seite, das reicht vollkommen. Die Schnitzel herausnehmen und warm stellen.

Genau so ruck, zuck wie das Braten des Fleisches geht die Zubereitung der Soße. Man gießt ganz einfach ein bisschen Wein in die Pfanne (vier bis fünf Esslöffel genügen), dreht die Hitze voll auf, schabt den Bratensatz vom Pfannenboden und lässt die Flüssigkeit kurz und kräftig einkochen. Zum Schluss muss gerade so viel übrig bleiben, dass man jedes Schnitzel damit ein wenig befeuchten kann. Welchen Wein man nimmt, ist wohl Geschmackssache, wobei viele Italiener bei Saltimbocca auf Marsala schwören, einen goldgelben Süßwein, der nach einer Hafenstadt an der Westküste Siziliens benannt ist. Mir ist der aber fast zu süß, zudem: wer hat schon Marsala griffbereit in der Küche stehen? Einfacher Weißwein wiederum bringt zu wenig Geschmack. Einen trockenen oder halbtrockenen Portwein finde ich ideal. Und dann kommt noch ein Spritzer, aber wirklich nicht mehr, Zitronensaft dazu.

Nun kommen die Schnitzel noch einmal zurück in die Pfanne, jedoch nur, um sie in der Soße kurz zu wenden. Dann legt man sie auf Teller und löffelt die restlichen Soßentropfen darüber. Als Beilage passt jedes zarte und leicht süße Gemüse (Erbsen, Karotten) und ein Stück Weißbrot zum Auftunken der Soße.

Sauce gribiche

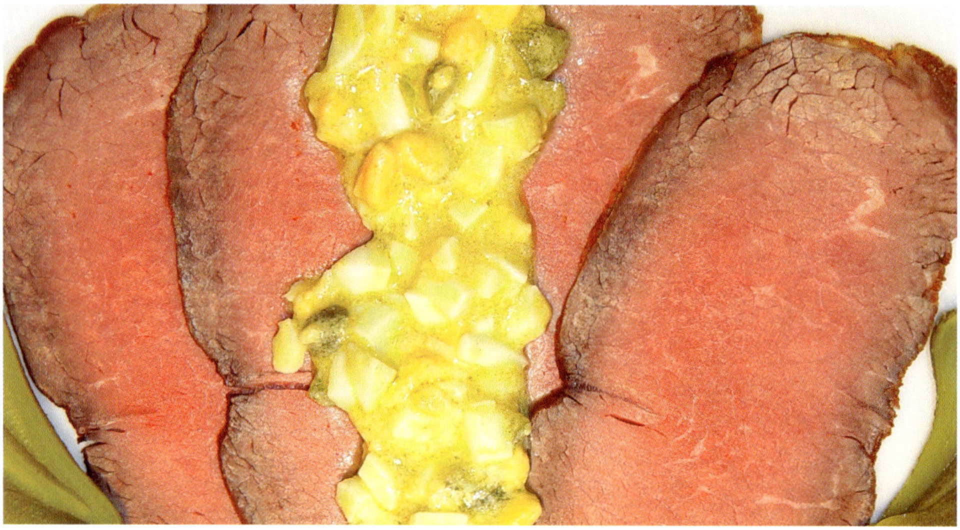

Einkaufszettel

für vier Personen:

Sauce gribiche:

- Senf
- Mayonnaise
- Essig
- Olivenöl
- Cornichons
- Schnittlauch
- Schalotten
- Kapern
- Salz
- Pfeffer
- hartgekochte Eier

Paprikagemüse:

- 500 Gramm rote und grüne Paprika gemischt
- Knoblauch
- Saft von einer halben Zitrone
- Salz
- Pfeffer

Dies ist ein Rezept für die Tage nach Ostern, wenn viele Menschen wieder unter einem typischen Syndrom leiden: Es liegen noch haufenweise hartgekochte Ostereier herum, aber niemand mag sie mehr essen.

Eine Chance, dieser Eier-Plage mit kulinarischem Anstand doch noch Herr zu werden, bietet ein Blick nach Frankreich – genauer: in die Pariser Bistros. Denn zur Bistro-Küche gehört die Sauce gribiche wie das Amen zum Ostergottesdienst. Diese Sauce besteht – Sie ahnen es – zu einem respektablen Teil aus hartgekochten Eiern. Aber weil die Eier von einer Art Vinaigrette aufgenommen werden, und weil man diese Sauce nur als Beilage zu den verschiedensten Gerichten isst, wird die ganze Sache nicht nur erträglich, sondern richtig delikat.

Aus Senf, Mayonnaise, Essig, Olivenöl, Salz und Pfeffer wird mit dem Schneebesen eine cremige Vinaigrette zusammengerührt. Genaue Mengenangaben zu machen, ist müßig: der eine mag es mehr, der andere weniger essigsauer, der eine mag mehr Mayonnaise, der andere mehr Senf. Wichtig ist nur eines: zunächst den Essig mit der Mayonnaise und dem Senf glattrühren und dann erst das Öl dazugeben. Mischt man zuerst Öl mit Senf zusammen und gibt dann erst den Essig dazu, bedarf es wesentlich kräftigerer Rührarbeit, um eine homogene Verbindung hinzubekommen. In diese Vinaigrette werden in ganz kleine Würfel gehackte Essiggürkchen (Cornichons), eine sehr fein geschnittene Schalotte und reichlich fein geschnittener Schnittlauch gemischt. Auch ein paar gehackte Kapern machen sich prima. Und zum Schluss werden zwei bis drei gehackte hartgekochte Eier untergemischt. Das Dotter löst sich dabei teilweise auf, was die Sauce zusätzlich abbindet und sämig macht.

Ein Wort zu den Kapern. Viele Leute mögen keine Kapern. Vielleicht haben sie bislang nur die in Essiglake eingelegten gegessen. Die taugen wirklich nicht viel, da der typische Kaperngeschmack weitgehend vom Essig kaputt gemacht wird. Ein ganz anderes aromatisches Kaliber sind Kapern, die nur trocken in Salz eingelegt sind. Man muß sie eine Viertelstunde wässern (das Wasser dreimal wechseln), abtropfen lassen und dann kann man sie weiterverarbeiten.

Diese Sauce gribiche ist ein wahrer Tausendsassa, denn sie passt zu vielem: zu gekochtem Ochsenfleisch (statt Meerrettichsoße), zum kalten Braten (statt Senf), zum gekochten Blumenkohl (statt zerlassener Butter) und so weiter und so fort. Ja selbst zum Spargel bietet sie eine gelungene Abwechslung. Dann lasse ich allerdings Cornichons und Senf weg, sonst wird sie für das zarte Gemüse zu kräftig. Wem die Soße zu dick ist, mischt einfach ein paar Löffel vom jeweiligen Kochwasser drunter: Spargelwasser, Gemüse- oder Fleischbrühe.

Eine aparte Ergänzung ist die Sauce gribiche auch zu einem Gemüse aus rotem und gelbem Paprika. Die Paprikaschoten werden geviertelt, entkernt, gewaschen und grob zerschnitten. Zusammen mit einigen feingewürfelten Schalotten wird der Paprika in einem Topf in Olivenöl angedünstet. Mit Knoblauch, Zitronensaft, Salz und Pfeffer wird gewürzt. Dann lässt man alles zusammen etwa zwanzig Minuten bei kleiner Flamme schmoren. Vielleicht muss zwischendurch ein bisschen Wasser dran, damit nichts anbrennt. Ein Häufchen Paprikagemüse kommt in die Mitte des Tellers und wird mit etwas Sauce gribiche umgeben. Sieht schön aus, schmeckt lecker und ist mit einem Baguette ein Snack für zwischendurch oder eine Beilage zu einem deftigen Fleischgericht.

Sonntagsbraten

Einkaufszettel

für sechs Personen:

- *Eineinhalb Kilogramm Schmorbraten*
- *500 Gramm gemischtes Schmorgemüse (Karotten, Petersilienwurzeln, Schalotten)*
- *ein Zweig Thymian und Rosmarin*
- *eine Knoblauchzehe*
- *ein halber Liter trockener Wein*
- *eine Handvoll Knochen*
- *Salz*
- *Pfeffer*
- *Sahne*

Ein Stück Koch- und Esskultur droht langsam aber sicher vor die Hunde zu gehen. Und fast alle schauen tatenlos zu. Es ist die Rede vom Sonntagsbraten, vom großen, opulenten, saftigen, mürben, in Ruhe im Backofen geschmorten Stück Fleisch, dessen Duft schon Stunden vor dem Essen durchs Haus zieht. Und der, in dicke Scheiben geschnitten und mit Soße und Nudeln aufgetragen, den Geschmacksnerven schmeichelt und den Magen wohlig füllt.

Aber der große Sonntagsbraten ist aus der Mode gekommen. Gegen die Hektik der Zeit, die im Kurzgebratenen ihr kulinarisches Pendant gefunden hat, hat er kaum noch eine Chance. Und viele Köche, gerade auch in „besseren" Restaurants, gehen mit schlechtem Beispiel voran. Wohin man schaut: überall die gleiche Langeweile, nichts als kurzgebratenes Fleisch auf dem Teller. Entenbrust, kurz rosa gebraten, in Scheiben aufgeschnitten, fächerförmig auf dem Teller arrangiert, fertig. Lammfilet, kurz rosa gebraten, in Scheiben aufgeschnitten, fächerförmig auf dem Teller arrangiert, fertig. Dabei sind die Voraussetzungen für den großen Braten nirgendwo idealer als in einer Restaurantküche. Hier gibt es genügend Esser für kiloschwere Stücke. Hier gibt es Bratröhren, groß genug für eine komplette Kalbsschulter und mehr. Und hier gibt es einen Lehrling, der das gute Stück regelmäßig mit Bratenfond beschöpft.

Aber nicht verzagen – selbst kochen heißt auch hier die Devise. Denn: es ist völlig unkompliziert, ein großes Stück Fleisch von eineinhalb bis zwei Kilogramm Gewicht im Backofen zu schmoren. Und wenn etwas übrig bleibt: kalt aufgeschnitten ist noch kein Braten liegen geblieben.

Ob Hochrippe vom Rind, Krustenbraten vom Schwein, Schulter vom Kalb – die Fleischqualität muss top sein, das ist das wichtigste. Wer hier spart, spart am falschen Ende und ist frustriert, wenn das Fleisch nicht zart und mürbe, sondern trocken und grobfaserig aus dem Ofen kommt. Weiter benötigt man nur noch etwas Schmorgemüse wie Schalotten und Karotten, die geputzt und in grobe Stücke geschnitten werden und ein paar Kräuter. Ferner, für den Wohlgeschmack der Soße, noch ein paar Knochen. Kalbsknochen eignen sich sehr gut, da sie nicht nur Geschmack, sondern auch Gelatine abgeben, die die Soße gleich ein bisschen bindet.

Die Prozedur beim Braten ist immer die gleiche. Das Fleisch wird mit Pfeffer eingerieben und in der Pfanne ringsum kurz und kräftig angebraten. Dann wird das gute Stück in einen Bräter gelegt, Schmorgemüse und Kräuter nebst Knochen werden darum herum verteilt, der Bratensatz aus der Pfanne wird mit Wein abgelöscht und mit etwas zusätzlichem Wein über Fleisch und Gemüse gegossen, bis die Flüssigkeit ein bis zwei Zentimeter hoch im Bräter steht. Mehr Flüssigkeit sollte man am Anfang nicht angießen, da das Fleisch nicht schwimmen und kochen, sondern schmoren soll. Nun kommt die Fuhre in den auf 220 Grad vorgeheizten Backofen. Nach einer Viertelstunde wird auf 180 Grad zurückgedreht, und nun muss man nur noch das Fleisch ab und zu (etwa alle fünfzehn bis zwanzig Minuten) mit dem Bratenfond beschöpfen und bei Bedarf etwas Flüssigkeit (Wein, Wasser, Brühe) nachgießen.

Die Garzeit beträgt für ein Stück von 1,5 Kilogramm Gewicht zwei Stunden. Auf eine Viertelstunde hin oder her kommt es dabei nicht so genau an, da eine gute Fleischqualität robust ist und nicht gleich trocken wird. Das Fleisch wird herausgenommen, in Alufolie gewickelt und im abgeschalteten Backofen warm gehalten. Diese Ruhephase sollte mindestens eine Viertelstunde dauern. In dieser Zeit verteilt sich der Saft im Fleisch, d. h. er wird im Fleisch gebunden, so dass beim Aufschneiden kaum noch Fleischsaft wegläuft.

Zur Soße: Den Bratenfond durchsieben, einkochen und mit Salz, Pfeffer und etwas Sahne, vielleicht noch mit einem Spritzer Balsamico-Essig, abschmecken. Das ist die ganz einfache Variante. Man kann auch die Hälfte der Gemüsestücke in der Soße pürieren, das verleiht ihr zusätzliche Bindung. Die etwas aufwändigere Methode geht so: wir verkneten Butter mit Mehl zu gleichen Teilen, jeweils etwa einen gestrichenen Esslöffel voll. Diese Mehlbutter kalt stellen und ein paar Minuten, bevor man sie verwendet, noch ins Tiefkühlfach legen, damit sie richtig eiskalt ist. Nun rührt man sie mit dem Schneebesen in die heiße Soße. Das bindet perfekt ab.

Den Braten aufschneiden und mit der Soße und Butternudeln servieren.

Spaghetti alla Bolognese

Einkaufszettel

für vier Personen:

- *400 Gramm gemischtes Hackfleisch*
- *50 Gramm durchwachsener Speck*
- *eine große Dose geschälte Tomaten*
- *eine Zwiebel*
- *eine Möhre*
- *etwas Staudensellerie*
- *zwei Esslöffel Tomatenmark*
- *ein Viertelliter Rotwein*
- *ein Lorbeerblatt*
- *ein Zweig Rosmarin*
- *etwas Oregano*
- *eine Chili-Schote*
- *eine Knoblauchzehe*
- *ein Achtelliter Milch oder Sahne*
- *Salz, Pfeffer*
- *sowie 150 Gramm frisch geriebener Parmesan zum Bestreuen*

Manchmal lässt sich der kulinarische Niedergang eines Gerichtes an einem ganz konkreten Ereignis festmachen. Dieser GAU für die allseits beliebten Spaghetti alla Bolognese, vulgo Spaghetti Bolo, kam mit der Erfindung von „Miracoli“. Unter Ausnutzung eines italienisch klingenden Namens wurde von einem Nahrungsmittel-Multi suggeriert, ein schmackhaftes „Ragù alla Bolognese“, wie es in seinem Ursprungsland Italien heißt, lasse sich samt Teigware und Reibekäse quasi vom Päckchen direkt auf den Teller schütten. Dass dies nicht funktioniert, liegt auf der Hand.

Der Aufwand, eine feine, selbstgekochte Bologneser Fleischsoße auf den Tisch zu bringen, ist recht überschaubar. Und er lässt sich sogar noch minimieren, wenn man gleich das doppelte oder dreifache Quantum der aktuell benötigten Soßenmenge ansetzt.

Denn zum einen folgt dieser Sugo der altbekannten Witwe-Bolte-Regel, wonach Aufwärmen am nächsten Tag dem Geschmack eher förderlich denn abträglich ist. Und mit einem ordentlichen Vorrat davon in der Tiefkühltruhe verlieren selbst Überraschungsgäste einiges von ihrem Schrecken.

Tomaten sind ein wichtiger Bestandteil der Soße. Ein Kilogramm am Strauch voll ausgereifte Früchte wären nötig. Da die Lust auf Spaghetti Bolo aber nicht bis zum nächsten Sommer wartet, greife ich ohne Bedenken zur Dose mit geschälten, oder, noch besser, mit den in Stückchen geschnittenen Tomaten (Tomaten-Concassée). Die haben allemal mehr Tomatengeschmack als die halbgrün geernteten und in irgendwelchen Lagerhallen nachgereiften Früchte, wie sie bei uns auch im Winter angeboten werden. (Von der sündhaft teueren Ware aus Süditalien, die in Feinkostläden wie Preziosen gehandelt wird, sprechen wir hier nicht. Diese Tomaten sind zum Verkochen wohl zu schade.)

Speck, Zwiebel, Möhren und Sellerie werden in kleine Würfel geschnitten. Zuerst brate ich den Speck mit einem kleinen Schuss Olivenöl in einem großen, schweren Topf an, dann kommt das Tomatenmark dazu, das ebenfalls etwas anrösten soll. Dann gebe ich das Hackfleisch hinein, und wenn das alles ringsum kräftig angebraten ist, wird mit Wein abgelöscht. Als nächstes kommen die Tomaten dazu, der Knoblauch wird hinein gedrückt, Lorbeerblatt, Rosmarinzweig, Oregano, Salz und Pfeffer werden dazugegeben. Die Chili-Schote nimmt nur, wer eine deutliche Schärfe an der Soße mag.

Und dann beginnt das Wichtigste: unter gelegentlichem Umrühren wird nun alles ganz, ganz langsam auf ganz, ganz kleiner Flamme ganz, ganz lange geköchelt. Italienische Mammas schwören darauf, dass eine gute Soße den ganzen Vormittag auf dem Herd stehen sollte – wird sie zu dick, kommt immer wieder mal etwas Wein, Brühe oder Tomatensaft hinein. Und irgendwann ist sie fertig. Also, unter den Bedingungen eines normalen Zeitbudgets: eine Stunde köcheln sollte sie schon. Dann werden Rosmarinzweig und Lorbeerblatt herausgefischt. Vielleicht tut ein finaler Schuss Balsamico-Essig als zusätzliche Würze gut – und mit etwas Sahne oder Milch wird die ganze Sache abgerundet. Wobei das mit der Sahne und der Milch nicht alle mögen, Puristen werden sogar entschiedene Ablehnung bekunden. Ich find's gut.

Stifado

Einkaufszettel

für vier Personen:

- *Ein Kilogramm Rindergulasch*
- *500 Gramm Schalotten*
- *eine Zwiebel*
- *zwei Knoblauchzehen*
- *2 Lorbeerblätter*
- *zwanzig Zentimeter Tomatenmark aus der Tube*
- *drei bis vier Messerspitzen Zimtpulver*
- *je ein Viertelliter trockener Rotwein und Fleisch- oder Gemüsebrühe*
- *Salz, Pfeffer*
- *Balsamico-Essig*

Was fällt uns zu Griechenland unter kulinarischen Aspekten ein? Genau – Retsina, Ouzo und Tsatsiki. Im Ernst: es sind natürlich ein paar feine Kleinigkeiten mehr, die wir vom letzten Griechenlandurlaub in guter Erinnerung haben. Aber allzu viele sind es dann doch wieder nicht. An Italien und Spanien, Vorbilder der allseits beliebten Mittelmeer-Küche, reichen griechische Kochkünste einfach nicht heran. Woran das liegen mag? Ich vermute, dass es der bayerische Einfluss ist, der bis heute nachwirkt. Prinz Otto von Bayern war immerhin von 1832 bis 1862 König von Griechenland und hat als kulinarisches Vermächtnis so zweifelhafte Dinge wie den Krautsalat und den bevorzugten Genuss von Schweinefleisch hinterlassen, zwei Speisen, die man eher mit

Biergartenkost als mit mediterraner Leichtigkeit in Verbindung bringt. Als er 1862 einer Rebellion weichen musste, haben die Rebellen wohl vergessen, auch seine Hinterlassenschaften in der Küche zu entsorgen.

Aber wenden wir uns doch einfach dem zu, was die griechische Küche wirklich wunderbar beherrscht: Schmorgerichte so lange auf dem Herd vor sich hin schmurgeln lassen, bis sich alles in wunderbarer Mürbheit und umgeben von herrlich durchgezogenen Soßen verbindet. Der Stifado, das griechische Rindergulasch, ist hierfür ein Paradebeispiel.

Wir brauchen ein Kilogramm Rindergulasch, das aber in nicht zu kleine Würfel geschnitten sein sollte. Vier Zentimeter Kantenlänge dürfen es schon sein. Die Schalotten schälen, kleine am Stück lassen, große halbieren. Den Knoblauch fein würfeln. Die Zwiebel in feine Streifen schneiden.

Wir beginnen mit dem Anbraten der Fleischwürfel in sehr heißem Öl. Das Fleisch sollte ringsum eine kräftige braune Farbe bekommen. Das macht man am besten gleich in dem Topf, in dem das Gulasch anschließend auch geschmort wird. Aber nicht alles Fleisch auf einmal in den Topf geben. Immer nur in kleinen Portionen anbraten – gerade so viel, dass der Topfboden bedeckt ist – und die fertig angebratenen Stücke herausnehmen und beiseite stellen.

Ganz zum Schluss, wenn alle Fleischstücke angebraten sind, die Hitze etwas reduzieren, dann die Zwiebeln, den Knoblauch und das Tomatenmark in den Topf geben und ebenfalls leicht anbraten. Sobald das erledigt ist, wird mit einem Schuss Rotwein abgelöscht. Wenn er eingekocht ist, den restlichen Rotwein und die Brühe angießen. Dabei mit dem Kochlöffel den Bratensatz von Boden des Topfes schaben. Nun kommen die Fleischstücke zurück in den Topf, das Lorbeerblatt und den Zimt dazugeben. Der Zimt ist das entscheidende Gewürz und sorgt für jene Geschmacksnote, die für griechische Fleischgerichte so typisch ist. Zimt würzt sehr stark, also zunächst vorsichtig sein und bei Bedarf nachwürzen. Salzen und pfeffern.

Deckel auf den Topf und schmoren. Entweder auf dem Herd bei ganz, ganz kleiner Flamme, dass es gerade so sanft vor sich hin blubbert. Oder im Backofen bei 180 Grad. Nach 45 Minuten die Schalotten dazugeben und einmal alles umrühren. Die gesamte Schmorzeit dauert zwei Stunden. Zumindest sollte man nach dieser Zeit ein Fleischstück aus dem Topf angeln und den Garzustand testen. Zum Schluss die Soße abschmecken. Was sich sicher gut macht, ist ein Schuss Balsamico-Essig.

Eine feine Variante: Man nimmt statt Rindfleisch Lamm oder einen Halbe-Halbe-Mischung aus beiden. Als Beilage passen Kartoffeln, weil man die so schön in die Soße drücken kann.

Fisch auf Sauerkraut

Einkaufszettel

für vier Personen:

- *Ein Kilogramm frisches*
- *rohes Sauerkraut*
- *zwei mittelgroße Zwiebeln*
- *100 Gramm Butter*
- *eine geschälte Knoblauchzehe*
- *eine Gewürznelke*
- *ein gehäufter Teelöffel Korianderkörner*
- *fünf Wacholderbeeren*
- *zehn Pfefferkörner*
- *ein Lorbeerblatt*
- *ein Zweig Thymian*
- *ein Viertelliter trockener Riesling*
- *Salz, Wasser*
- *1,2 Kilogramm gemischtes Fischfilet*

Buttersoße:

- *Drei Schalotten*
- *ein Viertelliter trockener Weißwein*
- *200 Gramm Butter*
- *Salz, Pfeffer, etwas Zitronensaft*

Junges, frisches Sauerkraut hat ab Ende September Saison. Es ist dermaßen gesund, dass man es eigentlich auf Rezept bekommen müsste. Reichlich Vitamine sind drin, vor allem viel Vitamin C. Seine Milchsäure fördert die Verdauung und ist gut für den Stoffwechsel. Ballaststoffe hat es massenhaft. Und kalorienarm ist es obendrei – vorausgesetzt, man lässt die Schweinshaxe weg. Unsere Alternative zur Schweinshaxe heißt Fisch. Ja, Fisch mit Sauerkraut!
Wem diese Kombination reichlich gewagt erscheint, kann sich im Elsass umsehen. Dort liebt man diese Zusammenstellung, und sie schmeckt wirklich vorzüglich.

Wir bereiten das Kraut nach der klassischen Methode zu. Die Zwiebeln werden in feine Streifen geschnitten und in einem Topf in ordentlich Butter glasig angedünstet. Dann wird mit dem Riesling abgelöscht und das Kraut dazu gegeben. Wer das Kraut lieber mild mag, gibt es zuvor in ein Sieb und braust es gründlich mit kaltem Wasser ab. Wer es säurebetonter liebt, gibt das Kraut gerade so in den Topf. Eine Prise Salz dazugeben. Alle Gewürze einschließlich der geschälten Knoblauchzehe werden auf ein Stück Tuch gelegt. Das Tuch zubinden, so dass man ein kleines Säckchen hat, und unter das Kraut stecken. Diesen Arbeitsgang sollte man sich nur dann sparen, wenn es einem nichts ausmacht, alle Gewürze später im ganzen Kraut verteilt vorzufinden. Dann wird mit Wasser aufgefüllt, gerade so viel, dass das Kraut knapp damit bedeckt ist. Zugedeckt gart es nun auf ganz kleiner Flamme. Etwa 20 Minuten lang für alle, die es mit Biss mögen, 40 Minuten lang für jene, die es schön weich lieber haben. Gelegentlich umrühren und den Flüssigkeitsstand überprüfen, damit nichts anbrennt. Dann das Kraut in ein Sieb abschütten, gut abtropfen lassen und das Gewürzsäckchen herausnehmen.

Zum Fisch: Für die klassische elsässische Kombination wird Süßwasserfisch genommen, vor allem Forelle, Zander und Saibling, ferner Lachs. Aber Seefisch schmeckt natürlich genauso gut. Wer die Abwechslung liebt, sollte zwei bis drei verschiedene Fischsorten auswählen. Und wir nehmen Fischfilet. Wenn der Fisch später auf dem Kraut liegt, hat man keinen Nerv, nach Gräten zu pulen und die Haut abzuziehen. Die Filets werden in gleichmäßig große Stücke geschnitten.

Nun müssen sie noch gegart werden. Die einfachste Methode ist ein Zwischending aus dünsten und braten. Dazu werden die Filetstücke auf ein leicht eingeöltes Backblech gelegt, gesalzen, gepfeffert und mit Zitrone beträufelt und in den auf 200 Grad vorgeheizten Backofen geschoben. Ein dünnes Forellen- oder Saiblingfilet ist nach fünf Minuten durch, ein dickes Stück Lachs braucht rund zehn Minuten.

Geschmacklich werden Fisch und Sauerkraut durch eine Buttersoße verbunden. Hierzu werden die Schalotten sehr fein gehackt und in einem Viertelliter Weißwein in einem offenen Topf so lange gekocht, bis der Wein fast vollständig verdunstet ist. Dann werden mit dem Schneebesen 200 Gramm kühlschrankkalte Butter hineingerührt, bis die Butter geschmolzen ist. Der Topf bleibt dabei auf dem Herd, die Hitze jedoch so weit herunterschalten, dass die Butter schmilzt, aber nicht aufkocht. Mit Salz, Pfeffer und einem Spritzer Zitronensaft abschmecken. Wenn Sonntag ist, geben wir noch ein paar Safranfäden mit dazu. Für das Zubereiten dieser Soße braucht man – ohne das Schnippeln der Schalotten - etwa zehn bis 15 Minuten. Man fängt damit also an, kurz bevor der Fisch in den Backofen kommt.

Und schon wird angerichtet: Auf jeden Teller kommt ein Sauerkrauthäufchen, auf das Fischstücke gelegt werden. Mit zwei Löffeln Buttersoße wird alles beträufelt. Mit gehackter Petersilie bestreuen. Dazu gibt es in Butter und Petersilie geschwenkte Pellkartoffel. Und natürlich eine Flasche Riesling.

Fisch im Salzbett

Einkaufszettel

für vier Personen:

- *Zwei mittelgroße Doraden von je 500 bis 600 Gramm Gewicht*
- *ein Kilogramm Meersalz*
- *zwei Kräuterzweiglein*
- *Pfeffer*
- *Olivenöl*
- *Zitronenschnitze*
- *Pellkartoffeln*
- *Petersilie*

Leichte Fischgerichte stehen hoch im Kurs, wenn es gilt, ein bißchen auf die Kalorienbremse zu treten. Eine Art der Zubereitung, die nur ganz wenig Arbeit macht, fast fettfrei ist und zudem beste Geschmacksergebnisse liefert, ist das Garen eines ganzen Fisches auf einem Salzbett. Das mag etwas abenteuerlich klingen, ist es aber nicht. Renommierte Köche umhüllen Fische und auch Geflügel sogar komplett mit einer Salzkruste und garen sie darin. Das ist für den Privathaushalt viel zu aufwändig. Die wesentlichen Vorteile dieser Art und Weise der Zubereitung erzielt man auch dann, wenn statt der vollständigen Hülle dem Fisch lediglich ein Bett aus Salz bereitet wird.

Zunächst zu den Vorteilen dieser Garmethode, dann zum Salzbett. Der Fisch – Meeresfische wie Doraden eigenen sich besonders gut – muß lediglich abgewaschen und trocken getupft werden. Ausgenommen hat ihn der Fischhändler. Wer mag, schiebt ihm noch ein Kräuterzweiglein (Petersilie, Rosmarin, Thymian) in die Bauchhöhle und pfeffert sie leicht aus. Dann schneidet man noch die Haut auf jeder Seite zwei- oder dreimal ein und pinselt sie ganz leicht – also wirklich nur mit einem Hauch – Olivenöl ein. Mehr an Vorbereitung ist nicht notwendig. Man braucht jedoch einen ganzen Fisch mit Haut. Fischfilets eigenen sich für diese Zubereitung nicht, da sie zuviel vom Salz aufnehmen würden und dann versalzen wären. Die Haut jedoch und die wenigen Einschnitte lassen gerade so viel durch, dass das Fischfleisch zum Schluß ideal gewürzt ist.

Denn das Meersalz, auf dem der Fisch später liegen wird, salzt ihn nicht nur, sondern verleiht ihm gleichzeitig ein wunderbares Aroma, wie es nur Meersalz abgeben kann. Das liegt an den Mineralien, die im Meersalz enthalten sind. Ferner ist grobes Meersalz weit weniger salzig als unser normales Salz aus dem Streuer. Deshalb wird bei dieser Garmethode der Fisch zwar kräftig, aber garantiert nicht versalzen. Wie mild im Salzgehalt und wie geschmackvoll Meersalz ist, spürt man am besten, wenn man so ein Salzkorn lutscht. Zudem bleibt der Fisch bei dieser Zubereitung wunderbar saftig. Und: kein einziger Fettspritzer muss vom Herd geputzt werden.

Zum Salzbett: Wir brauchen grobes Meersalz. Mit anderem Salz funktioniert das nicht. Das Salz wird auf ein Backblech gestreut und gleichmäßig verteilt, so dass man eine durchgehende Schicht von etwa einem Zentimeter Dicke hat. Wer die spätere Reinigungsarbeit noch minimieren möchte, belegt das Backblech zuerst mit Alufolie. Das so vorbereitete Backblech kommt in den vorgeheizten Backofen. Dieser muss knallheiß sein, also auf der höchsten Stufe, die der Herd hergibt, vorgeheizt werden. Das Backblech bleibt mit dem Salz mindestens zehn Minuten im Ofen, damit auch das Salz durch und durch ganz heiß ist, bevor der Fisch darauf gelegt wird.

Nun wird der Fisch auf das Salzbett gelegt. Es zischt. Nach sechs Minuten wird er umgedreht. Nach weiteren sechs Minuten ist er fertig. Diese Garzeit – auf jeder Seite rund sechs Minuten – gilt für eine Dorade mittlerer Größe von etwa 500 bis 600 Gramm Gewicht. Wer sich unsicher ist, ob der Fisch gar ist, nimmt das Backblech heraus und schneidet den Fisch mit einem scharfen Messer an der dicksten Stelle etwas ein. Man sieht sofort, ob das Fleisch noch glasig-roh ist und noch eine weitere Minute im Backofen braucht, oder ob es durch ist.

Der fertige Fisch wird auf eine vorgewärmte Platte gelegt. Salzkörner, die an der Haut haften, werden mit dem Messerrücken weg geschabt. Zitrone darüber träufeln, in Butter und Petersilie geschwenkte Pellkartoffel dazu – und fertig ist ein leichtes Essen, das keine Wünsche offen lässt.

Fisch mit Tomaten

Einkaufszettel

für vier Personen:

- *Eineinhalb Kilogramm Tomaten*
- *800 Gramm Fischfilet*
- *50 Gramm Schalotten*
- *zwei Knoblauchzehen*
- *ein Daumen großes Stück frischen Ingwer*
- *drei Viertelliter Flüssigkeit (Wasser, trockener Weißwein, Gemüsebrühe, Fischfond)*
- *Kräuter (Thymian, Lorbeerblatt, eine kleine scharfe Chilischote)*
- *Saft von einer halben Zitrone*
- *Salz, Pfeffer, Zucker, Olivenöl*
- *ein halber Bund glatte Petersilie*
- *Gegebenenfalls ein Pfund Pellkartoffeln und ein halber Becher Crème fraîche*

Alle Ernährungsforscher sind sich darin einig, dass Fisch nicht nur gesund ist, sondern obendrein auch noch glücklich macht. (Dass er zudem schmeckt, kümmert die Wissenschaftler nicht.) Im Fisch sind tolle Dinge drin wie zum Beispiel Omega-3-Fettsäuren, die niedergeschlagenen Gemütern aufhelfen, schlechte Laune vertreiben und appetitlosen Zeitgenossen wieder Freude am Essen vermitteln können. Und skandinavische Mediziner haben erst kürzlich sogar herausgefunden, dass regelmäßiger Fischkonsum, so die Forscher wörtlich „die Trübsalrate um bis zu einem Drittel senken kann". Nun kenne ich weder meine eigene Trübsalrate, und die meiner verehrten Leserinnen und Leser schon gleich gar nicht. Bevor uns dieses gemeine Ding aber hinterrücks am Schlafittchen packt, bereiten wir uns als Prophylaxe ganz schnell ein Fischgericht zu, dem viele frische Tomaten besonderen Wohlgeschmack verleihen.

Um das Ergebnis unseres heutigen Küchenaufenthaltes vorwegzunehmen: es wird irgendwo zwischen Fischsuppe und Fischeintopf liegen. Und auch das vorweg: es wird ein leichtes Essen werden, denn mehr Fett als ein bis zwei Esslöffel Olivenöl braucht man für die Zubereitung nicht. Der erste Arbeitsgang ist uns bereits wohl vertraut: die Tomaten werden gehäutet und entkernt, das heißt: wird bringen Wasser zum Kochen, legen die Tomaten fünfzehn Sekunden da hinein, holen sie wieder heraus, und nun lassen sie sich problemlos häuten. Dann werden sie geviertelt, das wässerige Innere nebst der Kerne wird entfernt, und dann wird das Tomatenfleisch in grobe Stücke geschnitten.

Als nächstes werden die Schalotten und die Knoblauchzehen gepellt und fein gewürfelt. Der Ingwer wird geschält und ebenfalls in ganz kleine Würfelchen geschnitten. In einem Topf wird das alles in etwas Olivenöl angedünstet, so lange, bis die Schalotten glasig sind. Dann kommen die Tomatenwürfel dazu, ferner die Kräuter, und das alles zusammen sollte noch ein paar Minuten vor sich hin dünsten und schmurgeln. Dann kommt ein drei Viertel Liter Flüssigkeit dazu, das kann eine Halbe-Halbe-Mischung aus einem trockenen Weißwein und Wasser sein, auch eine leichte Gemüsebrühe geht gut. Gegen ein Glas Fischfond ist auch nichts einzuwenden. Das lassen wir nun etwa zwanzig Minuten leise köcheln, und zwar ohne Deckel, damit es etwas einkocht.

In der Zwischenzeit wird der Fisch hergerichtet. Es eignet sich fast ausnahmslos jede Sorte, wobei mir Meeresfisch für dieses Gericht besser schmeckt als Süßwasserfisch. Nur Heilbutt, insbesondere den Schwarzen Heilbutt, nehme ich nicht, der zerfällt schon, wenn man ihn nur scharf anschaut. Das Fischfilet wird also unter fließendem Wasser abgewaschen, in mundgerechte Würfel geschnitten, leicht gesalzen und großzügig mit Zitronensaft beträufelt.

Nun geht es ans Abschmecken der Tomatensoße: Salz, Pfeffer und eine Prise Zucker auf jeden Fall, ein Schuss Balsamico-Essig vielleicht, ein Prise Curry für alle, die das mögen. Da kommen nun die Fischstücke hinein. Etwa fünf Minuten lässt man sie darin gar ziehen, das genügt, stark kochen sollte es nicht mehr. Zum Schluss wird noch fein gehackte Petersilie obenauf gestreut.

Das wäre die Grundvariante, zu der ein Stück Brot zum Auftunken der Soße bestens passt. Wenn man das Essen jedoch noch mehr in Richtung Eintopf und damit hin zur Hauptmahlzeit trimmen möchte, dann kocht man separat ein Pfund Pellkartoffeln, schneidet diese in kleine Würfel und gibt sie mit dazu. Und wer mag, kann alles mit einem Esslöffel voll Crème fraîche abbinden. Damit diese aber nicht ausflockt, sollte man sie zunächst in einer kleinen Schüssel mit einem Schneebesen glatt rühren, dann rührt man nach und nach fünf Esslöffel von der heißen Brühe unter die Crème fraîche, und dann erst kippt man das unter kräftigem Rühren in den Topf. Das erledigt man sinnvollerweise, bevor man den Fisch in den Topf gegeben hat.

Ganzer Fisch, im Ofen gebraten

Einkaufszettel

für vier Personen:

- 2 Fische à 700 Gramm oder einer à 1,2 Kilogramm
  Sehr gut eignen sich Doraden
- Saft von einer halben Zitrone
- Salz
- Pfeffer
- Olivenöl
- Thymianzweiglein oder etwas Ähnliches

Beilage:
Salzkartoffeln und ein Gemüse z.B. gedünsteter Fenchel

Keine Angst vor großen Tieren – das ist ein gutes Motto, nicht nur im Umgang mit Vorgesetzten und Politikern, auch in der Küche sollte man sich ab und zu daran erinnern. Denn es ist schon eigenartig: selbst unter geschickten Hobbyköchen und routinierten Hausfrauen gilt die Zubereitung eines ganzen, kompletten Fisches als ausgesprochen schwierig, quasi als ein Höhepunkt der Kochkunst, an den man sich vorsichtshalber erst gar nicht heran traut. Deshalb wird jahraus, jahrein zum Fischfilet gegriffen. Das ist schade, denn zum einen ist ein im Ganzen gebratener Fisch bei Tisch nicht nur optisch das reinste Vergnügen. Er schmeckt meist auch besser als ein Filet. Und: die Zubereitung geht aller gegenteiligen Unkenrufe zum Trotz derart schnell und ist derart einfach und problemlos, dass ich jetzt erst noch ein paar Schlenker machen muss, um die Zeilen hier überhaupt voll zu bekommen.

Erster Schlenker: Beim Einkauf kann mir in Sachen Frische der Verkäufer nicht so schnell etwas vormachen. Denn nur dem kompletten Fisch kann ich in die Augen schauen. Sind diese trüb und eingefallen, ist dies ein klares Zeichen, dass dieser Fisch für die Katz ist. Ein vergleichbar schnelles und sicheres Indiz für Frische gibt es beim Filet nicht.

Zweiter Schlenker: Die Fischhaut und die dünne Fettschicht, die jeder Fisch unter der Haut trägt, bilden zusammen eine natürliche Schutzschicht, die das Fleisch beim Garen vor dem allzu schnellen Austrocknen bewahrt. Beim enthäuteten Filet dagegen, das ich in der Pfanne braten und trotzdem saftig hinbekommen möchte, muss ich diese Schutzschicht erst wieder in Form einer Panade dran basteln.

Dritter Schlenker, der uns kurz in die Gastronomie führt: in jedem besseren Restaurant wird gebratener Fisch heutzutage auf der Karte mit den Worten „Auf der Haut gebraten" angepriesen, gerade so, als sei das etwas ganz Tolles und der Koch ein ganz besonderes Genie. Dabei macht dieser nichts anderes, als eben diese Schutzfunktion der Haut zu nutzen. So kann er den Fisch mit der Hautseite nach unten scharf anbraten, und das Fleisch bleibt trotzdem saftig. „Auf der Haut gebraten" zeugt also nicht von einer besonderen Raffinesse des Kochs, sondern lediglich davon, dass er zumindest die Grundfertigkeiten seines Handwerks beherrscht.

Nun aber zur Zubereitung:
Für vier Personen braucht man einen Fisch mit einem Gewicht von mindestens 1,2 Kilogramm oder zwei Exemplare mit je etwa 700 Gramm. Das Ausnehmen und das Schuppen besorgt der Fischhändler. Sofern dieser nicht sorgfältig gearbeitet hat und noch Schuppen dran sind, lässt man das Spülbecken halb voll mit Wasser laufen und schuppt den Fisch unter Wasser fertig. Das verhindert zuverlässig, dass die Schuppen quer durch die Küche fliegen und überall kleben bleiben.

Dann wird der Fisch ein letztes Mal unter fließendem Wasser innen und außen gründlich abgewaschen. Danach wird er großzügig mit Zitronensaft beträufelt und nicht zu knapp gesalzen, ferner kommen ein paar Dreher aus der Pfeffermühle dazu – die Bauchhöhle dabei nicht vergessen! Wer mag, steckt in diese noch irgend ein Zweiglein oder Gewürz hinein – Rosmarin, Thymian, Dill, das Grün von einer Fenchelknolle, etwas Zitronengras, was man gerade zur Hand. Ein guter, frischer Fisch, zumal ein kräftiger Meeresfisch, braucht solche Zugaben aber nicht unbedingt. Als letzter Akt wird der Fisch ringsum nicht zu sparsam mit Olivenöl beträufelt oder eingepinselt.

So, das war schon alles an Vorbereitung, und es sind noch keine zehn Minuten vorbei! Nun legt man das gute Stück in einen mit Olivenöl eingefetteten Bräter (oder einfach auf das Backblech, das geht genau so gut) – und ab geht es in den Backofen, der auf voller Stufe (mindestens 230 Grad) vorgeheizt ist.

Und nun zur Garzeit, ein Thema, vor dem alle Respekt haben. Auch hier gilt: keine Panik. Fisch ist zwar nicht so unempfindlich wie Fleisch, trotzdem muß ich nicht mit dem Sekundenzeiger am Herd stehen. Meine Faustregel: 700-Gramm-Fische sind bei der oben beschriebenen Zubereitungsart nach etwa 15 Minuten gar, 1,2-Kilogramm-Fische nach 20 Minuten, 1,5-Kilogramm-Fische nach 25 Minuten. Bei dünnen, schlanken Fischen ziehe ich eine Minute ab, bei dickbäuchigen gebe ich eine zu. Und noch ein Tipp: Lieber etwas vorzeitig den Fisch mal herausnehmen und an der dicksten Stelle mit einem spitzen Messer etwas einschneiden. Ist er dort noch sehr glasig, kommt er noch einmal kurz wieder in den Ofen zurück.

Forelle aus der Folie

Einkaufszettel

für vier Personen:

- *Vier frische Forellen, jede mit rund 250 Gramm Gewicht*
- *vier kleine Kräuterzweige (Dill, Thymian, Rosmarin, Salbei oder Ähnliches)*
- *Saft von ein bis zwei Zitronen*
- *etwas Butter oder Olivenöl*
- *Salz*
- *Pfeffer*
- *Beilagen: Kopfsalat, Kartoffeln, Zitronenscheiben 150 Gramm geschmolzene Butter*

Diese Fischgericht ist ganz besonders leicht und schnell zuzubereiten. Wobei „leicht" sowohl im kochtechnischen Sinn zu verstehen ist, wie auch in Bezug auf die Kalorien, die dabei auf dem Teller landen.

Warum nicht mal wieder zur Forelle greifen? Forellen sind preiswert – verglichen mit Fisch aus dem Atlantik. Sie haben, wenn man auf regionale Züchter achtet, nicht ansatzweise so viele Transport-Kilometer und Kühlraum-Tage hinter sich wie Kabeljau, Rotbarsch oder Scholle und sind deshalb immer frischer als ihre Kollegen aus dem Salzwasser. Und auch geschmacklich müssen sie sich nicht verstecken. Und weil wir die Forelle heute zum Garen ganz einfach mal in Alu-Folie einwickeln und in den Backofen legen, bleibt selbst die kleinste Wohnküche von fischigen Küchendünsten weitestgehend verschont.

Pro Person brauchen wir ein strammes Exemplar, das der Fischhändler natürlich bereits ausgenommen hat. Zu Hause wird die Forelle kurz unter fließendem kaltem Wasser innen und außen abgespült, dann innen und außen gesalzen, gepfeffert und kräftig mit Zitronensaft beträufelt. Dann wird irgend ein Kräuterzweiglein in die Bauchhöhle gesteckt. Das kann Dill sein, Thymian, Rosmarin, Salbei, Koriander, ein Stück Zitronengras oder was auch immer, was man gerade zur Hand hat und worauf man gerade Lust hat. Dann wird jeder Fisch einzeln auf ein ausreichend großes Stück Alu-Folie gelegt und entweder ganz leicht mit Olivenöl beträufelt oder mit ein paar Butterflocken belegt. Wer mag, kann noch dünn geschnittene Zitronenscheiben auf dem Fisch plazieren. Nun wird das Päckchen zugemacht. Dazu genügt es, die Folie von allen Seiten hochzufalten und oben etwas zusammenzudrücken. Das Päckchen muß weder luftdicht verschlossen sein noch wie ein Kunstwerk aussehen. Das einzige, worauf zu achten sich lohnt, ist folgendes: die Naht sollte immer oben sein, so dass kein Saft weglaufen kann. Der nämlich würde auf dem heißen Backblech schnell verbrennen und unliebsame Gerüche verbreiten.

Diese Fischpäckchen legen wir nun nebeneinander auf ein Backblech und schieben dieses in den auf 200 Grad vorgeheizten Backofen. Zur Garzeit: wird eine 250-Gramm-Forelle – das ist ein durchschnittlich großes Exemplar – auf das noch kalte Backblech gelegt und so in den vorgeheizten Backofen geschoben, ist sie nach 25 Minuten komplett durch, schön saftig und zart und vom Aroma des Kräuterzweigleins fein durchzogen. Wird das Backblech mit vorgeheizt, dann reduziert sich die Garzeit um fünf Minuten. Wenn man möchte, dass das Fleisch an der Rückengräte noch glasig und fest ist, dann muss man jeweils fünf Minuten von diesen Garzeiten abziehen.

Ein zusätzlicher Vorteil dieser Garmethode in der Folie – neben der einfachen und schnellen Zubereitung – ist folgender: Auf eine Minute hin oder her im Backofen kommt es dabei wirklich nicht an. Die Folie und das Schmurgeln der Forelle in ihrem eigenen Saft und Dampf schützt deren Fleisch vor dem Austrocknen. Und natürlich muss es keine Forelle sein. Wer ein frisches Bodensee-Felchen angelt, nimmt dieses. Und wem das Pulen an den Gräten lästig ist, der bedient sich bei den Fischfilets.

Während der Fisch im Ofen gart, richten wir die klassischen Beilagen her: Salz- oder Pellkartoffeln, etwas geschmolzene Butter, die durchaus leicht braun werden darf, und die über Fisch und Kartoffeln gegeben wird, und natürlich eine große Schüssel grüner Salat. Und wer mag, legt sich das komplette Päckchen auf den Teller und futtert die Forelle gleich aus der Folie.

Garnelen mit Spaghetti

Einkaufszettel

für vier Personen:

- 300 bis 400 Gramm rohe, tiefgekühlte Garnelen-Schwänze mittlerer Größe
- ein daumengroßes Stück frischer Ingwer
- eine Knoblauchzehe
- ein halber Bund glatte Petersilie
- fünfhundert Gramm Spaghetti
- Salz
- Pfeffer und Olivenöl

Machen wir uns nichts vor: 99,9 Prozent aller Garnelen (Prawns), die roh und als scheinbar „frisch" in den Fischabteilungen unserer Kaufhäuser angeboten werden, sind aufgetaute Tiefkühlware. Das ist auch kein Wunder. Frische Garnelen gibt es bei uns nicht, weil sie viel schneller verderben als etwa Fische und den Transport – meist um den halben Globus herum – nicht überstehen würden. Bei einem korrekten Fischhändler steht dann wenigstens „getaut" neben dem Preis, das aber oft so klein, dass es kaum auffällt. Dem Kunden soll offenbar suggeriert werden, er kaufe frische Ware – und damit etwas viel besseres und edleres, als es das Angebot aus der Tiefkühltruhe darstellt. Welchen anderen Sinn sollte das vorzeitige Auftauen durch den Fischhändler sonst haben? Denn frischer werden die Garnelen ja mit Sicherheit nicht, wenn sie – bevor sie in meiner Pfanne landen – schon ein paar Tage aufgetaut beim ihm herumgelegen haben. Da greife ich lieber gleich ins Tiefkühlregal und lasse die Dinger zu Hause auftauen, kurz, bevor ich sie brauche. Frischer – und meist auch preiswerter – geht es nicht.

So oder so: Garnelen sind allemal ein teurer Spaß. Deshalb habe ich mir ein Rezept ausgedacht, bei dem man nicht mehr als dreihundert, höchstens vierhundert Gramm Garnelenschwänze braucht und trotzdem vier Personen auf eine geschmacklich höchst attraktive Art satt bekommt.

Ideal sind Garnelenschwänze mit einer Größe, die etwa dem kleinen Finger entspricht. Wenn sie schon fertig geschält sind, spart das Arbeit in der Küche. Wenn sie noch nicht geschält sind, geht man am einfachsten wie folgt vor: Die Garnelen auftauen lassen und dann mit der Küchenschere den Panzer an der weichen Unterseite der Länge nach durchschneiden, danach lässt sich der Panzer problemlos mit beiden Daumen nach rechts und links wegbrechen und ablösen. Und, ganz wichtig: die Garnelen müssen noch roh sein. Mit vorgekochten wird das Ergebnis geschmacklich nicht halb so gut.

Die Garnelen werden sodann mit dem Messer der Länge nach halbiert. So kann man den dünnen, dunklen Faden (das ist der Darm), der sich am Rücken entlang zieht, spielend leicht entfernen. Und zudem wird die Menge dadurch quasi verdoppelt. Denn ob ich nachher eine ganze oder nur eine halbe Garnele auf der Gabel habe, ist für den Geschmack beim Essen so gut wie belanglos. Größere Exemplare kann man zusätzlich auch noch quer halbieren.

Der Rest der Vorbereitung ist Routine: Der Ingwer wird geschält und in mikroskopisch kleine Würfel geschnitten oder auf einer Reibe fein gerieben. Die Knoblauchzehe wird ebenfalls geschält, die Knoblauchpresse liegt parat. Die Petersilie wird fein gehackt.

Nun werden zuerst die Spaghetti gekocht. Wenn sie fast fertig sind, kommt Olivenöl in eine große Pfanne, der Ingwer wird darin etwa zwei Minuten vorsichtig angedünstet, dann kommen die Garnelen dazu, die brauchen nicht länger als weitere zwei Minuten, gelegentlich wird umgerührt. Nun wird noch der Knoblauch hinein gepresst und die Petersilie dazu gegeben. Wenn diese die letzte Minute mitschmurgeln, dann reicht das. Mit Salz und Pfeffer wird abgeschmeckt.

Und dann kommen die abgegossenen, aber noch tropfnassen Spaghetti zu den Garnelen in die Pfanne. Alles wird kräftig miteinander verrührt und vermischt, und dann geht es auch schon ab damit auf vorgewärmte Teller. Die Spaghetti zu den Garnelen in die Pfanne zu geben und dort zu vermischen, ist ein simpler, aber effektiver Trick: so nehmen sie alles restliche Olivenöl auf, das voll vom Garnelengeschmack ist und das ansonsten im Geschirrspüler gelandet wäre.

Wer dem Essen einen asiatischen Touch geben möchte, nimmt eine halbe Hand voll frische Korianderblättchen – anstatt oder zusätzlich zur Petersilie.

Selbst gebeizter Lachs

Einkaufsliste

für vier Personen:

- *Eine ganze oder halbe frische Lachsseite mit Haut, 500 Gramm bis 1 Kg*

Pro Kilo Lachs

- *2 Bund frischer Dill*
- *4 Teelöffel Salz*
- *6 Teelöffel Zucker*
- *1 Teelöffel Pfefferkörner*
- *10 Wacholderbeeren*

Für den Dipp:

- *Jeweils 2 bis 3 Esslöffel Honig und scharfer Senf*
- *etwas feingehackter Dill*

Lachs gehört zu den beliebtesten Fischen. Dass alles, was man zu halbwegs erschwinglichen Preisen kaufen kann, Zuchtlachs ist, versteht sich von selbst. Echter, wirklich echter Wildlachs ist so rar und teuer, dass man ihn nur über seriöse Versender oder im Delikatessengeschäft bekommt. Da das Haushaltsbudget ohnehin strapaziert ist, beschäftigen wir uns hier mit Zuchtlachs, gegen den überhaupt nichts einzuwenden ist – wenn, ja wenn er aus einer ordentlichen Zucht kommt. Da die wenigsten von uns die Möglichkeit haben, nach Norwegen zu fahren um dort einen prüfenden Blick in die Aqua-Farmen zu werfen, muss der prüfende Blick auf die Ware im hiesigen Fischgeschäft genügen.

Bei Zuchtlachs sagt die Farbe über die Qualität so gut wie nichts aus. Schön kräftig lachsfarben sieht zwar schön aus, aber ein Lachs mit hellerem Fleisch kann genauso gut sein.

Die Färbung kommt ausschließlich von einem mehr oder weniger stark dosierten Zusatz im Futter, der keine Auswirkungen auf den Geschmack hat. Wichtigstes Qualitätsmerkmal ist etwas anderes: die Breite der weißen Fettstreifen, die das Lachsfleisch durchziehen und es wie weiß/rot schraffiert aussehen lassen. Je dünner diese hellen Fettstreifen sind, desto besser ist die Qualität. Der Grund: Gute Züchter halten in ihren Farmen weniger Lachse pro Kubikmeter Wasser. Die Folge: die Fische haben mehr Platz, können freier schwimmen, setzen weniger Fett an. So wird das Fleisch fester und schmackhafter. Ein positiver Nebeneffekt: solche Fische sind auch nicht so krankheitsanfällig, so dass sich auch die Beigabe von Medikamenten im Futter in Grenzen hält. Eine Angabe, wie viele Millimeter breit die Fettstreifen höchstens sein sollten, ist kaum möglich. Aber man entwickelt schnell einen Blick dafür. Wer die Ware bei einigen Fischhändlern kritisch beäugt hat, sieht den Unterschied sofort.

Nun aber genug der Theorie: wir beizen uns heute unseren Lachs selbst. Wir brauchen eine ganze oder halbe frische Lachsseite, 500 Gramm bis 1 Kg, je nach der Zahl der Esser. Wenn etwas übrig bleibt: der fertig gebeizte Lachs hält sich im Kühlschrank ohne weiteres ein paar Tage. Vom Fischhändler lassen wir uns das Stück vorbereiten: die Mittelgräte herausschneiden und die restlichen Gräten mit der Pinzette herausziehen. Die Haut jedoch muss unbedingt dran bleiben.

Die Lachsseite zu Hause unter fließendem Wasser abwaschen und mit Küchenkrepp gut trocken tupfen. Den Fisch auf ein großes Stück Frischhaltefolie legen, mit der Haut nach unten. Die Wacholderbeeren und die Pfefferkörner grob zerdrücken und auf dem Fischfleisch verteilen. Dann Salz und Zucker vermischen und ebenfalls verteilen, am dicken Ende ein bisschen mehr, am dünnen etwas weniger. Der gesamte Fisch muss auf der hautfreien Seite mit einer durchgehenden Schicht von der Salz-Zucker-Mischung bedeckt sein. Dann den Dill grob hacken und gleichmäßig darüber verteilen. Nun die Enden der Frischhaltefolie über den Fisch schlagen und ihn fest in Folie einwickeln und – mit der Hautseite nach unten, das ist wichtig – auf eine passende Platte legen. Ab in den Kühlschrank, und nach zwei Tagen ist der Lachs fertig gebeizt. Die Salz-Zucker-Mischung löst sich dabei auf, sinkt in das Fischfleisch hinein, nimmt die Aromen von Dill, Wacholder und Pfeffer mit und beizt auf diese Weise das Fleisch. Den Fisch aus dem Kühlschrank nehmen, auswickeln und unter fließendem Wasser abwaschen – alles, was wir zum Beizen auf den Lachs gelegt haben, kommt in den Abfall. Trockentupfen und fertig ist er, bereit zum Aufschneiden und servieren.

Dazu passt hervorragend ein Dipp, der im Handumdrehen selbst gemacht wird: jeweils die gleiche Menge scharfer Senf und Honig werden mit etwas fein gehacktem Dill gut verrührt – das war es auch schon.

Übrigens: Frischer Lachs kostet im Laden weniger als die Hälfte vom Preis eines fertig gebeizten Graved-Lachses. Für die Differenz gibt es etliche Flaschen Grauburgunder, der bestens dazu passt.

Und noch ein Tipp: Wer kein langes Messer mit schmaler Klinge hat oder für das dünne Aufschneiden des Lachses einfach zu ungeschickt ist, nimmt die folgende Variante. Sie ist kulinarisch vollkommen gleichwertig. Man bereitet ein Lachstatar zu. Dazu wird der gebeizte Lachs in fingerdicke Scheiben geschnitten und diese werden noch ein paar mal kreuz und quer grob zerschnitten und zerhackt. Dieses Lachstatar wird mit der Dipp-Soße angemacht, auf Teller gehäufelt und mit Baguette serviert. So oder so eine vorzügliche Vorspeise.

Matjes-Salat

Einkaufszettel

für vier Personen:

- Vier Matjes (Doppelfilets)
- zwei große Äpfel
- vier hartgekochte Eier
- eine ordentliche Portion Essiggurken
- vier mittelgroße Rote Bete
- zwei Zucchini
- ein bis zwei festkochende Kartoffeln
- ein halber Bund glatte Petersilie oder Schnittlauch

Für die Salatsoße:

- Saft von einer halben Zitrone
- zwei bis drei Esslöffel Essig
- ein Becher Joghurt
- Salz, Pfeffer

Zusätzlich acht Pellkartoffeln, wenn es eine Hauptmahlzeit werden soll

Man glaubt es ja kaum, aber selbst der Heringssalat, der uns nach einer heftig durchzechten Nacht beim Katerfrühstück wieder halbwegs auf die Beine helfen soll, muss nicht zwangsläufig vom Supermarkt aus der Plastikschale kommen. Es geht auch ohne so exquisite Dinge wie leckere Stabilisatoren, feine Emulgatoren, diverse E-Stoffe nebst rassiger Ameisensäuren. Wer nach durchfeierter Nacht seine Feinmotorik schon wieder halbwegs im Griff hat und zu einem kleinen Schnippeleinsatz in der Küche in d er Lage ist, bereitet sich und seinen Gästen mit einem selbstgemachten Heringssalat die ersten kulinarischen Freuden des Tages.

Bei der Wahl des Herings entscheide ich mich für Matjes. Deren ebenso feines wie kräftiges Aroma schmeckt mir besser als der in Essiglake eingelegte Hering oder Rollmops. Aber das ich kein Dogma. Pro Person rechne ich mit einem Doppel-Filet. Dann braucht man säuerliche, knackige Äpfel. Ferner ein paar Essiggurken und bockelhart gekochte Eier. Und dann natürlich Rote Bete. Da das Kochen dieser Rübenfrucht sehr zeitaufwändig ist, nehme ich gerne das Angebot von Marktfrauen in Anspruch, die sie frisch gekocht und ohne jeglichen Konservierungsstoff an ihren Ständen anbieten. Nimm doch den Dampfkochtopf! werden mir jetzt erfahrene Hausfrauen zurufen. Leider stehe ich mit diesem Gerät auf Kriegsfuß. Wenn ich in den Topf nicht hinein schauen und zur Kontrolle des Garzustandes nirgends hinein pieksen kann, dann ist mir das suspekt.

Das alles sind die grundlegenden Bestandteile eines Heringssalates. Wer noch etwa mehr Volumen braucht, kann ohne weiteres zusätzlich gekochte Kartoffeln von einer festen Sorte untermischen. Auch rohe Zucchini passen recht gut.

Nun aber geht es an die Schnippelarbeit, denn alle diese Zutaten müssen in kleine Stücke zerlegt werden. Die Größe eines Zuckerwürfels ist ein passendes Richtmaß. Die Matjes-Filets teile ich einmal der Länge nach und dann ein paarmal quer durch. In einer großen Schüssel wird alles miteinander vermengt.

Zu guter Letzt brauchen wir noch eine Salatsoße als verbindendes Element. Majonaise aus dem Glas muß nicht unbedingt sein. Sie ist für den ohnehin strapazierten Magen eher Gift als Labsal. Joghurt, und zwar nicht die Magerstufe, sonder der mit normalen Fettgehalt, leistet sehr gute Dienste. Er macht den Salat frisch, leicht und bekömmlich. Und etwas Säure muß noch dran. Also mische ich noch ein paar kräftige Spritzer Zitronensaft und etwas Essig hinein. Glatte Petersilie, fein gehackt, oder ein bisschen Schnittlauch, runden das Aroma ab. Eine Stunde durchziehen lassen, schadet nicht. Eine Scheibe Schwarzbrot mit Butter ist die ideale Beilage.

Übrigens: Diesen Salat kann man im Handumdrehen zu einem kompletten Essen aufmöbeln. Dann braucht man pro Person nur noch zwei Pellkartoffeln als Beilage.

Panierte Fischfilets

Einkaufszettel

für vier Personen:

- *Ein Kilogramm frisches Fischfilet*
- *drei Eier*
- *etwa fünf gehäufte Esslöffel Mehl*
- *drei gehäufte Esslöffel Semmelbrösel*
- *ein gehäufter Esslöffel Sesamsamen*
- *drei Zitronen – zwei für Zitronenschnitze, eine um den Fisch zu säuern*
- *Salz*
- *Pfeffer*
- *Butter*
- *Beilagen: Kartoffelsalat, Feldsalat*

Eigenhändig panierte und in der Pfanne in Butter ausgebackene Fischfilets haben einen schweren Stand. Wie sollen sie sich auch gegen die fast übermächtige Konkurrenz behaupten, die in Form vorgefertigter Fischstäbchen aus der Tiefkühltruhe daher kommt? Trotzdem: ich bin mir sicher, dass der selbst panierte Fisch den kulinarischen Sieg mit Bravour davon tragen wird und die Fischstäbchen im direkten Vergleich sang- und klanglos untergehen werden. Das liegt vor allem an einer speziellen Panade – aber dazu später. Es liegt aber auch daran, dass man kein Meister am Herd sein muss, um den frischen Fisch saftiger auf den Teller zu bringen als das beim tiefgekühlten und aufgetauten der Fall ist.

Wir brauchen möglichst grätenfreies Fischfilet, etwa 250 Gramm pro Person. Am besten eignet sich Meeresfisch. Welche Sorte man nimmt, spielt keine Rolle. Warum keinen Seelachs? Er ist zwar kein besonders edler, dafür aber einer der preiswertesten Meeresfische, und unter Ernährungsgesichtspunken ist er sogar einer der wertvollsten und gesündesten überhaupt: so mager, so reich an Eiweiß und so jodhaltig wie Seelachs ist kaum ein anderer.

Große Filets zerschneidet man am besten in handliche Stücke, nicht größer als zehn mal zehn Zentimeter, das erleichtert das Panieren, vor allem aber später das Wenden in der Pfanne, weil sie in diesem Format kaum auseinanderbrechen. Der Fisch wird, wie immer, unter fließendem Wasser abgespült, mit Zitronensaft beträufelt und dann, das ist wichtig, mit Küchenpapier etwas trocken getupft. Sonst bleibt nachher zu viel Mehl an ihm hängen. Dann wird der Fisch gesalzen und gepfeffert, und schon geht es an die Vorbereitung der Panade.

Dazu muss man folgendes herrichten: In einen großen flachen Teller kommt normales Mehl. In einen zweiten Teller kommen zwei komplette Eier und ein Eigelb, die mit der Gabel kräftig zerkleppert werden. Ein bisschen salzen, wobei man aber darauf achten muss, wie stark der Fisch schon gesalzen wurde. Und nun kommt ein kleiner, aber entscheidender Trick: Das von einem der drei Eier übrig gebliebene Eiweiß wird steif geschlagen und dann wird dieser Eischnee mit der Gabel unter die verklepperten Eier gerührt. Dadurch wird die Panade später nicht nur besonders schön knusprig, sondern zugleich wunderbar luftig und locker. Und in einen dritten Teller kommen Semmelbrösel, die man zur Abwechslung mal im Verhältnis zwei Drittel Brösel mit einem Drittel Sesamsamen vermischen kann. Das bringt dann noch zusätzlich einen aparten Geschmack in die Panade.

Beim Panieren darf man nicht zimperlich sein, denn die Finger bleiben bei dieser Prozedur natürlich nicht ganz sauber. Ein Filet nach dem anderen wird zuerst ins Mehl gelegt und darin gewendet. Überschüssiges Mehl abklopfen, es sollte nur eine ganz dünne Mehlschicht am Fisch hängen bleiben. Dann kommt das Filet in den Teller mit Ei, ebenfalls wenden, und dann in den mit der Semmelbrösel-Sesamsamen-Mischung, ebenfalls wenden. Diese endgültige Panade unter Umständen mit der flachen Hand noch etwas andrücken.

Und nun kommt der Fisch in die Pfanne, in der schon ein ordentliches Stück Butter erhitzt wurde. Hier werden die Filets nun ausgebraten, auf jeder Seite etwa fünf Minuten.

Beim Braten sollte man folgendes im Auge behalten: Die Hitze darf aus zwei Gründen nicht zu stark sein. Zum einen wird sonst die Butter zu dunkel, zum anderen vertragen die Sesamsamen keine allzu starke Hitze, auch sie werden sonst schwarz und verbrennen. Also lieber mit wenig Hitze etwas länger sanft braten als umgekehrt. Fertig gebratene Stücke aus der Pfanne nehmen und im Backofen auf einer Platte warm stellen.

Die Beilagen? Am besten passen mal wieder die Klassiker: reichlich Zitronenschnitze, eine Schüssel Kartoffelsalat und eine Schüssel grüner Salat.

Rotbarbenfilets auf Gemüse

Einkaufszettel

für vier Personen:

- Je nach Größe etwa 16 Rotbarbenfilets
- Ein Kilogramm Spinat
- drei Schalotten
- zwei Knoblauchzehen
- etwas Muskat oder ein Kilogramm Fenchel
- und eine Handvoll grüne Oliven
- Salz
- Pfeffer
- Olivenöl

Die Rotbarbe ist ein Fisch mit rot-violetter Hautfarbe, festem Fleisch und kräftigem Geschmack nach Meer und Wind und ein typischer Vertreter der aromatischen und sonnigen Mittelmeerküche. Die Fische haben leider recht viel Gräten. Das sollte uns aber nicht entmutigen. Es empfiehlt sich nur nicht, ganze Fische zu kaufen, sondern nur die Filets. Das zeitaufwändige Zerlegen und Entgräten überlässt man der routinierten Hand des Fischhändlers. Die Fische sind nicht groß, so dass man für eine Hauptspeise pro Person bis zu vier Filets braucht. Klein und dünn, wie die Filets sind, sind sie dann auch ruck, zuck gar.

Als Gemüse eignen sich solche mit einem kräftigen Eigengeschmack. Zum Beispiel der zartblättrige Sommerspinat. Oder, was mindestens genau so gut zur Rotbarbe passt: Fenchel. Ob Spinat oder Fenchel: ein Kilogramm Gemüse sollte man auf jeden Fall einkaufen.

Haben wir uns für Spinat entschieden, werden die Stängel abgezwackt und die Blätter gründlich durchgewaschen. Die Schalotten und die Knoblauchzehen werden fein gehackt und in einem großen Topf in etwas Olivenöl angedünstet. Sobald sie glasig sind, kommt der Spinat tropfnass dazu, Deckel drauf, und in fünf Minuten ist er auch schon fertig. Mit Salz, Pfeffer und einer Spur Muskatnuss wird gewürzt. Einmal umrühren, und dann schütten wir ihn in ein Sieb ab und drücken ihn mit der Rückseite einer Suppenkelle im Sieb kräftig aus, da er für die weitere Prozedur nicht all zu nass sein sollte. Dann kommt der Spinat auf ein Küchenbrett und mit einem großen Messer wird er ein paar mal kreuz und quer grob zerhackt.

Die Zubereitung des Fenchels geht auch ganz einfach. Der harte untere Ansatz wird herausgeschnitten, und dann schneiden wir die Knolle in feine, dünne Scheiben, keinenfalls dicker als einen halben Zentimeter. Die Fenchelscheiben werden in einer Pfanne mit Olivenöl kräftig angebraten, und wenn sie dabei auseinanderfallen, dann macht das gar nichts. Dabei darf der Fenchel ruhig ein bisschen Farbe annehmen, also ein paar braune Flecken bekommen. Dann gießen wir einen Schuss Wasser dazu, den Deckel auf die Pfanne geben und den Fenchel bei leichter Hitze etwa fünfzehn Minuten fertig gar dünsten. Die Oliven entkernen, das Fruchtfleisch grob zerschneiden und während der letzten zwei Minuten zum Fenchel dazugeben. Mit Salz und Pfeffer würzen.

Nun werden noch die Rotbarbenfilets vorbereitet: unter fließendem Wasser abwaschen, mit Küchenpapier abtrocknen, mit Zitrone beträufeln, auf beiden Seiten mit Olivenöl einpinseln und dann noch salzen und pfeffern. Besonders gut schmeckt dabei grobes Meersalz.

Und nun geht es auch schon auf die Zielgerade: Wir nehmen einen flachen Bräter, streichen diesen mit Olivenöl leicht aus und verteilen darin gleichmäßig das gesamte Gemüse. Das Gemüse sollte noch heiß sein, da die finale Prozedur, die jetzt folgt, nur noch die Fischfilets gart, aber nicht mehr ausreicht, um ein zwischenzeitlich erkaltetes Gemüse wieder vollständig aufzuwärmen. Vor allem der Spinat wird durch das Ausdrücken und Hacken nicht mehr ganz heiß sein. Also kommt er vorher nochmals kurz in den Topf. Auf dieses Gemüsebett legen wir nun die Rotbarbenfilets, eines neben das andere, und zwar mit der Hautseite nach oben. Und diese Fuhre kommt nun in den knallheißen Backofen, am besten unter den Grill, wer keinen Grill im Backofen hat, stellt auf Oberhitze ein. Da die Fischfilets nicht sehr dick sind, dauert das unter dem Grill allenfalls noch drei bis vier Minuten, bei Oberhitze zwei Minuten länger.

Im Bräter wird serviert, und als Beilage gibt es in Butter und Petersilie geschwenkte Pellkartoffeln.

Tintenfische mit Tomaten

Einkaufszettel

für vier Personen als Vorspeise:

- *500 Gramm tiefgekühlte kleine Tintenfische (Sepien)*
- *ein Bund glatte Petersilie*
- *500 Gramm Tomaten*
- *eine Knoblauchzehe*
- *zwei Schalotten*
- *ein Thymianzweig*
- *Salz*
- *Pfeffer*
- *eine Prise Zucker*
- *Olivenöl*

Dieses Fischgericht ist rekordverdächtig. Mit weniger Arbeitsaufwand lässt sich ein vergleichbar leckeres Essen kaum auf den Tisch bringen. Der Grund hierfür ist schnell erklärt: wir nehmen tiefgekühlte Tintenfische, und zwar gleich solche, die schon geputzt sind. Das erspart uns eine Menge zeitraubender Küchenarbeit. Diese Tintenfische (Sepien) gibt es in ausgezeichneter Qualität, da das Tiefkühlen auf deren robustes Fleisch kaum negativen Einfluss hat. Wichtig: kleine Exemplare auswählen, diese sind zarter und damit besser.

Wie beginnen mit dem Häuten der Tomaten: Sie werden 20 Sekunden in kochendes Wasser gelegt, dann lässt sich die Haut ohne Probleme abziehen. Dann die Tomaten vierteln, die Kerne herauskratzen und das schiere Tomatenfleisch ganz grob zerschneiden. Die Schalotte und den Knoblauch fein würfeln, in einem Topf in etwas Olivenöl glasig andünsten, dann die Tomaten und das Thymianzweiglein dazugeben, salzen, pfeffern, eine Prise Zucker hinzufügen und dann ohne Deckel auf dem Topf köcheln lassen, und zwar so lange, bis sich ein relativ dickes Tomatenmus zusammengekocht hat. Das dauert etwa zwanzig Minuten. Zum Schluss mit einem Spritzer Balsamico-Essig abschmecken.

In der Zwischenzeit richten wir die aufgetauten Tintenfische her. Zuerst den Kopf zusammen mit den Fangarmen aus der Tube herausziehen. Dann alles unter fließendem Wasser kurz und kräftig abspülen. Dabei nicht vergessen, die Tuben auch innen auszuspülen. Die Tuben selbst schneidet man an einer Seite auf, legt sie flach auf ein Küchenbrett und schneidet sie dann in nicht zu breite Streifen. Die Köpfe mit den Tentakeln einmal längs halbieren. Die Petersilie wird fein gehackt.

Sobald die Tomatensoße fertig ist, legen wir mit den Tintenfischen los, aber nicht früher, denn diese sind in Nullkommanichts gar. Ein bisschen Olivenöl in einer möglichst weiten Pfanne stark erhitzen und dann die Tintenfische zusammen mit der Petersilie in die Pfanne geben, einmal umrühren, und schon nach einer Minute ist der Fisch fertig. Dabei wird er gedünstet, nicht gebraten. Genau genommen muss er nur heiß werden, was bei den dünnen Streifen wirklich ruck, zuck geht. Das Fischfleisch ist nun zart, hat aber noch Biss, ohne zäh zu sein. Ein längerer Aufenthalt in der Pfanne ist nicht nötig, sogar schädlich, denn die Fische werden mit der Zeit eher zäh als zarter. Ordentlich Pfeffer aus der Mühle darüber geben. Salzen erübrigt sich.

Aus der Tomatensoße auf dem Teller einen Ring bilden und in die Mitte ein Häufchen von den Tintenfischen setzten. Das sieht auch apart aus. Die hier angegebenen Mengen reichen für eine Vorspeise. Dazu passt geröstetes Knoblauchbrot ganz prima. Wer das Gericht als Hauptgang zubereiten möchte, sollte die angegebenen Mengen verdoppeln. Damit man dann auch richtig satt wird, kocht man noch Spaghetti dazu. Die Spaghetti mit der Tomatensoße vermengen und die Fische separat dazu auf den Teller geben. Vermischt man alles, geht der feine Fischgeschmack etwas unter.

Weil wir gerade beim Häuten und Entkernen von Tomaten sind, hier noch ein kleiner Tipp: Alle, die getrocknete Tomaten lieben, können diese auch mit wenig Aufwand selbst herstellen. Die geputzten Tomatenviertel nebeneinander auf ein Backblech legen, ein bisschen Thymian und grobes Salz darüber streuen, ganz leicht mit Olivenöl besprenkeln und dann in den 100 Grad heißen Backofen, mittlere Einschubleiste, schieben. Dort bleiben sie vier Stunden. Den Backofen ausschalten und die Tomaten noch über Nacht im Backofen lassen. Am nächsten Morgen sind die Tomatenstücke getrocknet, aber nicht strohtrocken. Sie schmecken wunderbar.

Tintenfisch-Spießchen

Einkaufszettel

für vier Personen:

- *800 Gramm Tintenfisch-Tuben (Sepien)*
- *500 Gramm Kartoffeln*
- *zwei Knoblauchzehen*
- *ein Bund glatte Petersilie*
- *ein gestrichener Teelöffel mittelscharfes Paprikapulver*
- *drei Esslöffel Essig*
- *sechs Esslöffel Olivenöl*
- *Zitronensaft*
- *Salz*
- *Pfeffer*
- *zwei Tomaten*
- *Acht bis zwölf Holzspieße von etwa 20 cm Länge*

Erstaunlicherweise scheint es viele Menschen zu geben, die zähen Tintenfisch mögen. Wie sonst könnten diese panierten und frittierten Tintenfischringe (in der Schweiz werden sie treffender Weise auch „Pirelli" genannt), die in vielen Restaurants zusammen mit Knoblauchsoße angeboten werden, diesen reißenden Absatz finden? Wer das gerne mag, braucht hier nicht weiterzulesen. Wem aber wie mir zäher Tintenfisch ein Gräuel ist, den möchte ich zu den folgenden Tintenfisch-Spießchen animieren. Sie sind nicht nur ein feines, leichtes Sommeressen. Die Fische werden auch wunderbar zart. Und die Zubereitung ist ein Kinderspiel.

Wir brauchen Tintenfisch-Tuben (Sepien). Am besten nimmt man tiefgekühlte Ware. Die ist in aller Regel von sehr guter Qualität, an Frische nicht zu überbieten, und zudem sind die Tuben meist schon gesäubert. Die Fische auftauen lassen, unter fließendem Wasser gut abspülen und in einem Sieb abtropfen lassen. Ob die Fangärmchen noch dran sind oder nicht, ist einerlei. Sind sie noch dran, kann man sie dran lassen. Oder aber man zieht sie ab und bereitet daraus einen feinen Salat zu. Dazu später.

Die Knoblauchzehen ganz fein hacken oder durch die Presse drücken und mit dem Olivenöl, dem Essig, dem Paprikapulver und einem kräftigen Spritzer Zitronensaft in einer Schüssel gut vermischen. Die Petersilie fein hacken und ebenfalls untermischen. Die Tintenfische dazu geben, mit dieser Marinade gut vermengen und die Fische zehn Minuten darin marinieren lassen. Zwischendurch einmal umrühren.

Die Kartoffeln in der Schale kochen (eher nur al dente, auf keinen Fall zu weich garen), schälen, etwas abkühlen lassen und in gut fingerdicke Scheiben schneiden.

Nun werden immer abwechselnd eine Tintenfischtube und eine Kartoffelscheibe auf ein Holzstäbchen gespießt, und zwar so verteilt, dass man pro Person zwei bis drei Spieße bekommt. Diese Spieße nebeneinander in einen Bräter oder auf ein Backblech legen, noch leicht mit Olivenöl beträufeln und für 30 Minuten im auf 160 Grad vorgeheizten Backofen garen.

Die Marinade, die in der Schüssel zurückgeblieben ist, nicht wegschütten. Denn in der Zwischenzeit werden die beiden Tomaten in kleine Würfel geschnitten und zusammen mit der übrig gebliebenen Marinade in einen Topf gegeben. Alles zusammen aufkochen und rund zehn Minuten leicht köcheln lassen und etwas einkochen, mit Salz, Pfeffer, Zitronensaft und vielleicht noch mit einem Spritzer Balsamico-Essig abschmecken.

Die fertigen Spießchen auf Teller legen, mit dieser Soße überziehen und mit Zitronenschnitzen und einer Schüssel Salat servieren.

Wer aus den Fangärmchen einen Salat machen möchte, geht so vor: Eine halbe Salatgurke schälen und längs halbieren, mit einem Teelöffel die Kerne heraus kratzen und das Gurkenfleisch in sehr kleine Würfel schneiden. Zwei Tomaten entkernen, das Tomatenfleisch ebenfalls klein würfeln. Eine Schalotte klitzeklein schneiden. Zwei Esslöffel Zitronensaft und vier Esslöffel Olivenöl verrühren. Ein paar frische Korianderblätter fein schneiden. Nun die Tintenfischärmchen in einer sehr, sehr heißen Pfanne in etwas Olivenöl ganz kurz und kräftig anbraten (nicht länger als eine Minute). Alles zusammen in eine Schüssel geben, vermengen und mit grobem Pfeffer und Meersalz würzen. Mit einem Baguette servieren.

Bratapfel

Einkaufszettel

für vier Personen:

- *Vier große Äpfel einer mürben Sorte*
- *100 Gramm Mandeln in Blättern oder Stiften*
- *etwas Zucker und Butter*
- *Johannisbeergelee*
- *Mazipanmasse oder ein paar Dominosteine, Minzeblatt zur Dekoration*

Vanillesoße:

- *ein halber Liter Milch*
- *eine Vanilleschote*
- *4 Eigelb*
- *100 Gramm Zucker*

Als Nachspeise bei einem festlichen Wintermenü kommt bei mir immer wieder mal dieser gute alte Bekannte zu Ehren – a llerdings nicht in seiner rustikalen Urform, bei der die Zubereitung lediglich darin besteht, einen Apfel in den Kachelofen zu legen und abzuwarten, bis er weich ist. Mit ein bisschen zusätzlichem Aufwand wird ein feiner und durchaus festtagstauglicher Nachtisch daraus.

Pro Person brauchen wir einen großen Apfel, wobei sich die mürberen Sorten eindeutig besser eignen als die festen und knackigen. Also eher zum Boskop als zum Granny Smith greifen. Nun muss, ohne dass der Apfel dabei kaputt geht, das Kernhaus entfernt werden. Problemlos geht das nur mit einem entsprechenden Ausstecher. Um diese Investition kommt man also nicht drum he-

rum. Den Rest des Jahres liegt er dann wahrscheinlich ungenutzt in der Küchenschublade, aber
dieses Schicksal teilt er mit vielen Dingen, die man sich für die Küche anschafft oder geschenkt bekommt. Zumindest ist so ein Ausstecher nicht teuer.

Nun werden die Äpfel nebeneinander in eine feuerfeste Auflaufform gesetzt. Und dann geht es ans Füllen der Löcher. Der Phantasie sind dabei keine Grenzen gesetzt. Gut bewährt haben sich die folgenden Varianten.

Die erste geht ganz einfach: in jedes Loch kommen ein halber Teelöffel Zucker und ein paar Butterflocken, dann werden die Äpfel in den auf 180 C vorgeheizten Backofen geschoben. Damit nichts anbrennt, geben wir noch einen Schuss Wasser in die Backform, der aber allenfalls ihren Boden benetzen sollte. Je nach Größe und Apfelsorte dauert die Garzeit etwa 20 bis 30 Minuten. Zur Probe mit einem Zahnstocher hinein pieksen. Geht der ohne großen Widerstand durch, ist der Apfel gar. Die Äpfel aus dem Ofen nehmen und nun in jedes Loch noch einen Löffel Johannisbeergelee füllen und zusätzlich ein bisschen Gelee außen über die noch heißen Äpfel streichen, so dass sie eine Art Glasur bekommen. Wer mag, streut nun noch Mandelsplitter drüber, die zuvor in einer Pfanne vorsichtig angeröstet wurden, und die dank der Gelee-Glasur prima am Apfel haften bleiben. Auch ein leichtes Bestäuben mit Zimtzucker macht sich gut. Und zum Schluss wird zur Dekoration noch ein Minzesträußchen oben hinein gesteckt.

Sehr fein ist es auch, die Äpfel mit Marzipan zu füllen. Wir brauchen pro Apfel ein knapp daumengroßes Stückchen Marzipanmasse. Die wird mit etwas Zucker und einem guten Schuss Obstwasser getränkt und verknetet und dann in die Öffnung gedrückt. Ab in den Backofen, Garzeit und weitere Behandlung wie oben.

Und nun kommt noch eine dritte Möglichkeit, die Äpfel zu füllen. Es ist die einfachste und schnellste – und nicht einmal die schlechteste. Man kauft ein paar Dominosteine, jene mit Schokolade glasierten Würfel, in denen so ziemlich alles drin ist, was zu einer Bratapfelfüllung taugt: ein bisschen Marmeldade, ein bisschen Marzipan, ein bisschen Schokolade und dann noch ein bisschen Mürbeteig, der auch nicht schadet. Also: man nimmt einen Dominostein, halbiert oder viertelt ihn, je nach Größe des Loches, stopft ihn hinein, und fertig ist die Füllung. Ab in den Backofen, Garzeit und weitere Behandlung wie oben.

Und weil sie so gut dazu passt, rühren wir noch schnell eine Vanillesoße an. Die Vanilleschote der Länge nach halbieren und zusammen mit der Milch ganz langsam zum Kochen bringen. Die Eigelbe mit dem Zucker in einer Schüssel verrühren, bis der Zucker fast aufgelöst ist. Die Vanilleschote aus der Milch fischen und dann die Milch ganz, ganz langsam und unter ständigem kräftigem Rühren mit einem Schneebesen zu den Eigelben gießen. Alles in den Topf zurück gießen und auf dem Herd bei leichter Hitze noch etwas andicken lassen. Dabei darf die Soße aber nicht mehr kochen. Sollte das Eigelb trotzdem mal gerinnen, dann ist das kein Beinbruch. Man gibt die Soße in einen Mixer. Auf höchster Drehzahlstufe bekommt man sie meistens wieder glatt.

Nun gibt man ein paar Löffel von der Vanillesauce in ein Schälchen, setzt einen Bratapfel mitten hinein, und fertig ist die Nachspeise.

Clafoutis aux Cerises

Wenn die Kirschen reif werden, gibt es in Frankreich kaum ein Restaurant, Bistro oder Café, in dem nicht ein „Clafoutis aux Cerises" angeboten wird. Diese Süßspeise aus Kirschen erfreut sich bei unseren Nachbarn größter Beliebtheit und ist so eine Art Zwitter, irgendwo angesiedelt zwischen Kuchen und Auflauf. Entsprechend breit gefächert sind denn auch die Verwendungsmöglichkeiten: ein kleines Stück ist eine prima Nachspeise, ein großes zum Kaffee ersetzt den herkömmlichen Kuchen, und ein riesiges taugt durchaus als Hauptmahlzeit. Ein weiterer und nicht zu unterschätzender Vorteil: der Clafoutis ist kinderleicht zuzubereiten und gelingt selbst dann, wenn man – so wie ich – mit der Backerei normalerweise nicht viel am Hut hat. Denn den Teig hierfür anzurühren ist genauso unkompliziert wie der für einen Pfannenkuchen.

Einkaufszettel

für vier Personen:

- *Ein Pfund Kirschen*

Teig:

- *Ein Viertelliter Vollmilch*
- *vier Eier*
- *40 Gramm Mehl*
- *30 Gramm Zucker*
- *drei gehäufte Teelöffel Vanillezucker*
- *Etwas Puderzucker zum Bestreuen*
- *Ein Becher Sahne*
- *ein Teelöffel Vanillezucker*
- *ein Schuss Kirschwasser*

Für eine mittelgroße Portion, die für vier Personen zum Kaffee oder als Nachspeise ausreicht, benötigt man ein Pfund Kirschen. Es sollten möglichst feste, knackige sein. Sehr gut eignen sich die dunkelroten „Kracher".

Lebte ich in den Vereinigten Staaten von Amerika, würde ich die Kirschen entsteinen, da ich dort einem Gast, der sich einen Zahn an einem Kirschkern ausbeißt, zehn Millionen Dollar Schmerzensgeld zahlen muss, was ich mir nicht leisten kann. Bei uns lasse ich die Steine drin, weil ich weiß, dass meine Gäste den Clafoutis mit Bedacht essen und nichts passiert. Im übrigen schmeckt der mit nicht entsteinten Kirschen gebackene Clafoutis besser, weil die Steine einen Hauch Bittermandelaroma abgeben, was dem Geschmack sehr förderlich sei. Zudem vermatschen nicht entsteinte Kirschen nicht so sehr.

So oder so: wichtig ist vor allem, dass die Kirschen schön reif und süß sind. Die Kirschen werden in einer feuerfesten Porzellanform verteilt. Für die hier angegebenen Mengen sollte die Form etwa 30 Zentimeter Durchmesser und einen etwa fünf Zentimeter hohen Rand haben.

Zum Teig: Das Mehl wird in eine Schüssel gesiebt, die Eier dazugeben und dann unter kräftigem Rühren mit dem Schneebesen langsam die Milch dazu gießen. Zucker und Vanillezucker dazugeben und alles zusammen mit dem Schneebesen fünf bis zehn Minuten durchrühren. Der Teig muss glatt und ziemlich flüssig sein, etwa so, wie für einen Pfannkuchen, vielleicht ein kleines bisschen dünner. Sollten ein paar Klümpchen drin herum schwimmen: kein Grund zur Sorge. Man gießt alles durch ein Sieb ab, und das Problem ist geregelt.

Nun wird der Teig zu den Kirschen in die Form gegossen. Dabei muss man darauf achten, dass die Kirschen nicht vollständig bedeckt sind, sondern noch ein kleines bisschen aus der Teigmasse herausschauen. Einfetten muss man die Form übrigens nicht unbedingt, da der fertige Clafoutis mit einem großen Löffel aus der Form heraus gekratzt wird. Im auf 190 Grad vorgeheizten Backofen wird er nun auf der mittleren Einschubleiste vierzig Minuten lang gebacken. Die Oberseite sollte eine goldbraune Färbung bekommen. Wenn sie zu dunkel wird, einfach mit Alufolie abdecken.

Zum Schluss wird alles mit Puderzucker bestäubt. Am besten schmeckt der Clafoutis, wenn er noch leicht warm serviert wird. Weitere Zutaten braucht man nicht, aber: ein ordentlicher Klacks Schlagsahne, der, wenn Sonntag ist, ein Schuss Kirschwasser zugegeben wird, schadet nie.

Crème Caramel

Einkaufszettel

für sechs Portionen:

- *Für den Karamell 100 Gramm Zucker und 4 Esslöffel Wasser*
- *für die Creme 0,3 Liter Milch*
- *0,2 Liter süße Sahne*
- *1 Vanilleschote*
- *50 Gramm Zucker*
- *2 ganze Eier und zusätzlich 2 Eigelb*
- *Geschlagene Sahne*

Wenn in etwas besseren Restaurants Desserts geordert werden, gehört die gestürzte Karamell-Creme – am Hochrhein hört sie auch auf den Namen Karamell-Köpfli – unbestritten zu den Favoriten. Nun muss niemand seine Lust auf diese feine Süßspeise bis zum nächsten Restaurantbesuch unterdrücken. Es ist ganz einfach, diese Creme selbst herzustellen.

An speziellem Küchengeschirr brauchen wir sechs jener runden, innen glatten, außen meist leicht gewellten, feuerfesten Porzellanförmchen mit neun Zentimetern Durchmesser und einer Randhöhe von fünf Zentimetern, ferner einen Bräter oder ein tiefes Backblech.

Als erstes wird der Karamell zubereitet. Dazu gibt man den Zucker und das Wasser in einen Topf und kocht dies bei mittlerer Hitze so lange, bis der Zucker geschmolzen ist und eine goldbraune Farbe angenommen hat. Dabei muss man ein bisschen auf der Hut sein, denn der Grat zwischen goldbraun und verbrannt ist schmal. Dann sofort in jedes Förmchen von dem Karamell etwas hinein gießen. Da der Karamell beim Auftreffen auf den kalten Boden der Förmchen sofort erstarrt, gelingt es kaum, ihn dort gleichmäßig zu verteilen. Das ist aber auch nicht weiter schlimm, denn später schmilzt er ohnehin wieder und verteilt sich von alleine, so dass man sich hier keine überflüssige Mühe machen muss. Die Anweisung in manchen Kochbüchern, man müsse die Förmchen vorher anwärmen, damit sich der Karamell verteilen lässt, ist überflüssig wie ein Kropf. Und noch ein Hinweis aus leidvoller eigener Erfahrung: flüssiger Karamell ist höllisch heiß. Niemals mit dem Finger hinein langen oder gar etwas davon probieren.

Für die Creme werden Milch und Sahne in einen Topf geschüttet. Die Vanilleschote wird mit einem scharfen Messer längs halbiert, das Mark wird mit dem Messerrücken herausgeschabt und zusammen mit der Schote, die beim Kochen auch noch Geschmack abgibt, dazugegeben. Der Zucker kommt hinzu, alles verrühren und einmal aufkochen lassen, dann den Topf vom Herd nehmen und eine Viertelstunde ziehen lassen. Die Vanilleschote heraus fischen – sie hat ihren Dienst getan.

Die Eier und Eigelbe werden in einer Schüssel mit dem Schneebesen kurz verquirlt, aber nicht so stark, dass sie schaumig werden. Dann wird die heiße Milchsahne ganz langsam und unter ständigem Rühren mit dem Schneebesen zu den verquirlten Eiern gegossen. Die Förmchen nun in den Bräter oder in das tiefe Backblech stellen und die Crememasse auf den Karamell in die Förmchen gießen, bis diese knapp randvoll sind. Nun muss noch kochendes Wasser in den Bräter gegossen werden, so viel, dass die Förmchen noch gut einen Fingerbreit aus dem Wasser herausragen. Und nun kommt die schwierigste Prozedur bei der Produktion von Crème Caramel: Diese Fuhre muss nun in den auf 150 Grad vorgeheizten Backofen bugsiert werden, ohne dass etwas überschwappt oder verschüttet wird. Wer hier einen Backofen mit ausziehbaren Schüben hat, ist fein heraus.

Nach einer Stunde Aufenthalt im Backofen ist die Creme gestockt. Wenn sie oben zu dunkel wird, einfach mit Alufolie abdecken. Die Förmchen herausnehmen, abkühlen lassen und im Kühlschrank – auch über Nacht – kalt stellen. Einen Tag hält sich die Creme im Kühlschrank problemlos. Man kann sie also vorproduzieren, das vermeidet Küchenstress an Feiertagen. Vor dem Servieren mit einem spitzen Küchenmesser innen am Rand entlang fahren und so die Creme vom Rand lösen, auf Teller stürzen und mit geschlagener Sahne anrichten.

Erdbeerparfait mit Rhabarberkompott

Einkaufszettel

für vier Personen:

Parfait:

- *Vier Eigelbe*
- *100 Gramm Zucker*
- *zwei Becher süße Sahne (oder einen Becher Sahne und das Eiweiß von zwei Eiern)*
- *500 Gramm Erdbeeren*

Rhabarberkompott:

- *500 Gramm Rhabarber*
- *100 Gramm Zucker*

Dass Erdbeeren und Rhabarber zur gleichen Zeit reif werden, ist wahrscheinlich nur eine Laune der Natur. Dass sie auch geschmacklich nicht nur bestens zusammenpassen, sondern sich ideal ergänzen, wird spätestens dann klar, wenn man sich eine Marmelade aufs Frühstücksbrötchen streicht, die aus beiden Früchten zusammen gekocht wurde. Wobei Rhabarber genau genommen gar kein Obst ist, sondern botanisch zu den Gemüsen zählt, bei uns aber fast ausschließlich süß zubereitet wird und deshalb bei den Rezepten in der Regel ins Nachspeisen- und Obst-Register fällt. Das süße Aroma der Erdbeeren und die pikante Säure des Rhabarbers lassen sich auch sehr schön als Dessert kombinieren, indem man ein Erdbeerparfait mit Rhabarberkompott auf einem Teller zusammen bringt.

Beginnen wir mit dem Parfait. Parfait ist eine nicht zu hart gefrorene Eisvariante, für deren Zubereitung man jedoch keine Eismaschine braucht. Das klingt vielleicht etwas kompliziert, ist es aber nicht. Zunächst muss man eine Grundmasse herstellen, die übrigens bei allen Parfaits immer nach dem selben Muster gestrickt wird, und zwar so: die Eigelbe und der Zucker werden zusammen in eine Schüssel gegeben und mit dem Handrührgerät so lange gerührt, bis sich der Zucker aufgelöst hat und eine glatte, schaumig-cremige, hellgelbe, fast weiße Masse entstanden ist. Das dauert fünf bis zehn Minuten. Eine Anmerkung zur angegebenen Zuckermenge: diese ist wirklich nur ein Durchschnittswert und hängt sehr vom persönlichen Geschmack und der Süße der Früchte ab.

In diese Grundmasse wird sodann das Früchtepüree gerührt. Hierzu werden die Erdbeeren zusammen mit einem Teelöffel Zucker schlicht und einfach so lange im Mixer püriert, bis sie restlos vermust sind. Insgesamt benötigt man von dem Fruchtpüree einen guten Viertelliter. Dann wird die Sahne steif geschlagen und untergehoben. Das war es schon. Ab damit ins Gefrierfach, nach drei Stunden ist das Parfait fertig. Und nun, ganz wichtig: eine halbe Stunde vor dem Servieren nimmt man das Parfait aus dem Gefrierfach heraus und stellt es in den Kühlschrank. Dadurch taut es leicht an und bekommt so eine feine, cremige Konsistenz.

Wer übrigens auf die Kalorien achten muss, sollte folgende, etwas schlankere Parfait-Variante in Betracht ziehen. Bei dieser wird ganz einfach die Sahnemenge halbiert, also statt zwei Bechern nimmt man nur einen. An die Stelle des ausgemusterten Bechers Sahne tritt das steif geschlagene Eiweiß von zwei Eiern. Alles andere geht wie vorher: Grundmasse herstellen, Früchtepüree einrühren, Eischnee unterheben, geschlagene Sahne unterheben, fertig.

Zum Servieren sticht man mit einem in heißes Wasser getauchten Löffel Portionen aus dem Parfait, legt sie auf einen Teller und gibt das Rhabarberkompott drum herum. Und dieses bereiten wird ruck, zuck so zu:

Der Rhabarber wird geputzt. Da die heutigen Züchtungen kaum noch Fäden haben, genügt es meist, die Stangen abzuwaschen und einfach in etwa vier Zentimeter lange Stücke zu schneiden. Der Zucker kommt in einen Topf und wird bei mittlerer Hitze g eschmolzen. Sobald er eine hellgelbe Farbe angenommen hat, geben wir die tropfnassen Rhabarberstücke dazu. Dann wird umgerührt, damit sich der Zucker vom Topfboden löst und mit dem Rhabarber vermischt. Deckel auf den Topf und etwa zehn Minuten lang bei sanfter Hitze weich dünsten. Dann ist das Kompott noch etwas stückig. Wer das Kompott vollkommen vermust haben möchte, lässt es ein paar Minuten länger auf dem Herd. Zusätzliches Wasser muss man wahrscheinlich keines mehr dazu gießen, und wenn überhaupt, dann nur ganz wenig, denn das Kompott sollte auf keinen Fall zu flüssig werden. Das Kompott abkühlen lassen und probieren, vielleicht muss man noch nachzuckern. In den Kühlschrank muss es nicht, aber auf Zimmertemperatur sollte es runter kühlen.

Ein Nachsatz zum Parfait: Das kann man selbstverständlich auch mit jedem anderen Früchtepüree zubereiten. Noch einfacher und schneller gehen diese beiden Varianten: Statt des Früchtepürees wird ein gehäufter Esslöffel Zimtpulver unter die Masse gerührt. Oder man weicht drei gehäufte Esslöffel Kokosraspel in ein bisschen Kokosmilch ein und mischt das darunter. Und schon hat man wunderbares Zimt- oder Kokosparfait.

Gestürzter Apfelkuchen

Dieser Apfelkuchen ist derart einfach zu backen und schmeckt so gut, dass auch absolute Back-Laien einen Versuch wagen sollten. Und dann ist er auch noch so dünn und so leicht und so frisch im Aroma, dass er nicht nur jede Kaffeetafel ziert, sondern selbst nach einem opulenten Menü als Nachspeise vorzügliche Dienste leistet.

Am problemlosesten gelingt er mit Blätterteig. Blätterteig kommt auch bei mir aus der Tiefkühltruhe. Ich habe ein einziges mal in der Patisserie eines Drei-Sterne-Restaurants eine Stunde lang zugeschaut, wie ein Profi Blätterteig herstellt – und ich kann nur sagen: Respekt! Danach war jede Überlegung, es einmal selbst auszuprobieren, ad acta gelegt. Das ist für einen durch-

Einkaufszettel:

- *Eine Packung tiefgekühlter Blätterteig*
- *ein Pfund Äpfel*
- *ein Esslöffel Butter*
- *zwei gehäufte Esslöffel Zucker*
- *ein paar Rosinen und Mandelsplitter*
- *etwas Zitronensaft*
- *Vanille- oder Zimteis*

schnittlichen Hobbykoch einfach viel zu aufwändig und zu kompliziert.

Als Backform brauchen wir eine jener runden, weiß glasierten und feuerfesten Formen aus Porzellan oder Steingut mit einem etwa vier Zentimeter hohen, meist etwas gewellten Rand.

Als erstes muss Zucker karamellisiert werden. Für eine Form von etwa 24 Zentimetern Durchmesser wird zunächst in einem Topf ein Esslöffel Butter geschmolzen. Dann werden zwei gehäufte Esslöffel Zucker hinein gestreut und so lange erhitzt, bis der Zucker schmilzt, sich mit der Butter verbindet und eine bräunliche Farbe annimmt. Dabei sollte man mit der Hitze eher zurückhaltend sein, denn die Gefahr, dass alles schwarz wird und verbrennt, ist nicht zu unterschätzen. Der Karamell wird so dann in die Backform gegossen. Da der flüssige Karamell beim Auftreffen auf die kalte Form sofort erstarrt und nicht mehr verstrichen werden kann, sollte man die Backform vorwärmen und den Karamell gleich beim Hineingießen mit einer kreisenden Bewegung so gut es geht verteilen. Allzu genau muss man es dabei aber nicht nehmen, da der Karamell beim Backen wieder flüssig wird und dann ohnehin wieder zerläuft.

Äpfel werden geschält und in knapp fingerdicke Schnitze geschnitten. Das Kernhaus wird entfernt. Am besten eignen sich Apfelsorten, die mürbe und leicht säuerlich sind. Also eher Boskop als Granny Smith. Mit diesen Apfelschnitzen wird die Form ausgelegt, am schönsten kreisförmig und leicht überlappend. Ein paar Spritzer Zitronensaft schaden nicht. Wer mag, gibt noch Rosinen und Mandelsplitter dazu.

Nun kommt der Blätterteig an die Reihe. Wenn er aufgetaut ist, wird er auf einem leicht eingemehlten Brett mit dem Wellholz ein bisschen ausgewellt. Wir brauchen eine Teigplatte, die ein paar Zentimeter größer ist als die Backform. Wenn also eine Teigplatte alleine zu klein sind, um die Form komplett zu bedecken, legt man mehrere der Teigplatten ganz leicht überlappend nebeneinander und drückt sie an dieser Naht mit dem Wellholz zusammen, so dass man eine größere Teigplatte bekommt. Das hört sich etwas kompliziert an, ist es aber nicht.

Nun wird dieser Blätterteig über die Äpfel gelegt und der über den Rand der Form hinaus stehende Teig abgeschnitten. Am inneren Rand der Backform wird der Teig sodann ein bisschen nach unten gedrückt, was später, wenn der Kuchen umgedreht wird, den Rand des Kuchens ergibt. Das nämlich ist eine Besonderheit dieses Kuchens: er wird verkehrt herum gebacken, also mit den Äpfel nach unten und mit dem Teig nach oben und erst dann, wenn er fertig gebacken ist, wird er gestürzt, so dass die Äpfel oben sind.

Dann geht es ab in den auf 200 Grad vorgeheizten Backofen. Bei Oberhitze bleibt der Kuchen etwa 30 Minuten im Backrohr, auf jeden Fall aber so lange, bis der Blätterteig eine schöne braune Farbe angenommen hat.

Nach dem Herausnehmen aus dem Ofen legt man einen Teller auf die Backform und dreht beides zusammen um, so dass nun der Kuchen, mit den Äpfeln nach oben, auf dem Teller liegt. Noch warm, mit Sahne oder einer Kugel Vanille- oder Zimteins, die sich schmelzend auf dem Kuchen verteilt, wird man sich die Finger nach ihm lecken. An Feiertagen gibt es noch einen Schluck Sekt dazu, aber keinen trockenen, der würde mit dem Kuchen nicht harmonieren. Ein süßer Moscato d'Asti beispielsweise, der passt prima.

Grießschnitten mit Kompott

Einkaufszettel

für vier Personen:

- *400 Gramm Grieß*
- *eineinhalb Liter Milch*
- *50 Gramm Butter*
- *40 Gramm Zucker*
- *eine Prise Salz*
- *vier Eigelbe*
- *etwas zusätzliche Butter zum Einbuttern des Backblechs*

Wer die Grießschnitten zusätzlich panieren möchte:

- *Semmelbrösel und drei bis vier verklepperte Eier*
- *Butter zum Ausbacken der Grießschnitten*
- *Zimtzucker zum Bestreuen*

Kompott:

- *Ein bis zwei Pfund frische Beeren*
- *etwas Zucker, ein Schuss Wasser*
- *ein paar Spritzer Zitronensaft*

Bevor sich die ganze bunte Pracht aus Himbeeren, Erdbeeren, Heidelbeeren und Co. von unseren Marktständen wieder verabschiedet, ist man nicht schlecht beraten, zuvor noch schnell ein feines Früchtekompott zusammen zu rühren. Mit der richtigen Beilage wird dann nicht nur eine Nachspeise daraus, sondern bei entsprechender Portionierung sogar eine vollwertige Hauptmahlzeit.

Grießschnitten eignen sich als Beilage zu einem Kompott aus frischen Beeren besonders gut. Ja, Grießschnitten, diese altmodische, wunderbare Süßspeise. Mittlerweile sind sich sogar Sterne-Köche nicht mehr zu schade, den klassischen Grießflammeri mit Kompott auf ihre Speisekarten zu setzen, da sie ihn als ebenso nostalgischen wie leckeren Nachtisch wiederentdeckt haben. Somit besteht also erst recht Anlass, auch die viel einfacher zuzubereitende Grießschnitte aus der Versenkung hervor zu holen und ihr wieder den ihr gebührenden Platz unter den Süßspeisen einzuräumen.

Wenden wir uns also zuerst den Grießschnitten zu. Die Milch wird zusammen mit der Butter, dem Zucker und dem Salz in einem Topf aufgekocht. Dann wird der Grieß mit dem Kochlöffel eingerührt, und unter gelegentlichem Umrühren lässt man das nun rund zehn Minuten ganz sanft köcheln, dass es gerade so blubb-blubb macht. Inzwischen werden die Eigelbe verquirlt. Dann nimmt man den Topf vom Herd und rührt sofort in den noch heißen Grieß mit kräftiger Bewegung die verquirlten Eigelbe hinein.

Nun brauchen wir ein Backblech, das leicht eingebuttert wird. Dann wird die Grießmasse darauf geschüttet und verstrichen, und zwar schön glatt und gleichmäßig und rund zwei Zentimeter dick. Dies ist später die Dicke der Grießschnitten. Wer es dünner oder dicker mag, muß sich bei diesem Arbeitsgang entsprechend entscheiden. Nun lässt man diese Masse erkalten – dazu braucht es keinen Kühlschrank, mal lässt das Blech einfach in der Küche stehen. Die Grießmasse wird nach geraumer Zeit fest und kann danach in beliebig große Stücke geschnitten werden, die sich – der Butterschicht auf dem Backblech sei Dank – mit einem Pfannenwender problemlos vom Blech heben lassen.

Nun werden diese Grießschnitten in schäumender Butter in einer Pfanne von beiden Seiten goldbraun ausgebacken. Wer mag, kann die Grießschnitten vor dem Ausbacken noch in verkleppertem Ei und in Semmelbröseln wenden – so wie ein Schnitzel. Ob man das macht oder sein lässt, ist Geschmackssache.

Nun verteilt man die Grießschnitten direkt aus der Pfanne auf Teller, streut etwas Zimtzucker darüber und umgibt die Schnitten mit dem Kompott. Ob rotes Himbeer- oder blaues Heidelbeerkompott – das schmeckt nicht nur ganz prima, sondern sieht auch noch wunderschön aus.

Ruck, zuck zubereitet ist selbstverständlich auch das Kompott. Je nach Appetit brauchen wir zwischen einem Pfund und einem Kilogramm Beeren. Wenn es ein Heidelbeerkompott sein soll, dann die aus dem Wald nehmen und nicht die aus dem Garten vom Zuchtstrauch – der Unterschied im Aroma ist zwischen den beiden Beerensorten wie Tag und Nacht. Also: Die Beeren kommen in einen Topf und werden mit einem kleinen Schuss Wasser und etwas Zucker kurz aufgekocht und dann kalt gestellt. Ein Spritzer Zitronensaft hebt in aller Regel den Geschmack.

Übrigens: Wer keine Lust auf Nachspeise oder Süßspeise hat – Grießschnitten schmecken auch in ihrer salzigen Variante tadellos. An der Zubereitung ändert sich nichts, nur wird der Zucker durch einen gehäuften Teelöffel Salz ersetzt. Und dann sollte man sie mit Semmelbrösel und Ei panieren. Was mir bei der süßen Variante nicht so wichtig erscheint – bei der salzigen schmeckt das dann so richtig gut. Und als Beilage gibt es eine Schüssel Salat.

Holunderküchle

Einkaufszettel

für vier Personen:

- *Acht bis zwölf große Holunderdolden*

Bierteig:

- *100g Mehl*
- *2 Eier*
- *60 Gramm zerlassener Butter*
- *2 Esslöffel Zucker*
- *1 Prise Salz*
- *ein Achtel Liter Export-Bier*
- *Butterschmalz zum Ausbacken*

Holundersirup:

- *Zehn große Holunderblüten*
- *2 Liter Wasser*
- *2 kg Zucker*
- *2 unbehandelte Zitronen*
- *20 Gramm Zitronensäure*

Nur im Frühjahr hat man die Chance, eine überaus feine Nachspeise quasi vom Busch pflücken zu können: wenn die weißen Blütendolden des schwarzen Holunders voll erblüht sind, dann ist es höchste Zeit für ausgebackene Holunderküchle. Und wenn in der Rheinebene die Blüte schon vorbei ist, kann man sich oben im Schwarzwald noch ein paar Wochen länger damit versorgen. Denn dort hinkt die warme Jahreszeit, und somit auch die Holunderblüte, um einige Wochen hinterher.

Für vier Personen brauchen wir acht oder zwölf schöne, voll erblühte Dolden. Diese werden gut ausgeschüttelt, damit ein womöglich im Verborgenen krabbelnder kleiner Käfer die Chance zur Flucht hat, das genügt normalerweise. Wer sie waschen möchte: kurz und kräftig abbrausen, aber so rechtzeitig, dass sie wieder trocknen können, bevor man mit dem Ausbacken beginnt. Zum Ausbacken eignet sich am besten ein Bierteig. Aber kein bitteres Pils zur Zubereitung nehmen, sondern Export-Bier. Alle Zutaten für den Teig werden mit einem Schneebesen zu einem glatten, relativ dünnflüssigen Teig zusammengerührt. Wenn die Eier sehr klein sind, muss vielleicht noch ein Schuss Bier extra dazu. Den Teig eine halbe Stunde ruhen lassen und dann nochmals mit dem Schneebesen aufschlagen. Wer keinen Bierteig mag, nimmt statt Bier die gleiche Menge Mineralwasser.

Nun muss man in einem Topf oder einer nicht zu flachen Pfanne eine ordentliche Portion Butterschmalz erhitzen. Es sollte etwa zwei bis drei Zentimeter hoch im Topf stehen. Dann packt man die Dolden nacheinander am Stiel und tunkt sie kopfüber in den Teig, den Teig etwas abtropfen lassen und dann ab in die Pfanne und im heißen Butterschmalz ausbacken, bis der Teig goldgelb ist. Die fertigen Dolden kurz auf Küchenkrepp legen, damit überflüssiges Fett abtropfen kann, dann mit Puderzucker bestäuben und sofort lauwarm servieren.

Das zarte duftige Blütenaroma kommt zusammen mit dem warmen Teig wunderbar zur Geltung. Wer dem Genuss die Krone aufsetzen möchte, entkorkt dazu eine Flasche Riesling-Spätlese oder Auslese, halbtrocken.

Eine zweite ausgezeichnete Möglichkeit, Holunderblüten kulinarisch zu veredeln, besteht darin, einen Holundersirup anzusetzen. Der Arbeitsaufwand ist nicht groß, das Ergebnis jedoch ist ein hoch aromatisches Konzentrat, das während der nächsten Monate vielseitig verwendet werden kann. Drei Fingehüte voll mit Sekt, Crémant oder Champagner aufgegossen sind eine ernsthafte Konkurrenz für den altbekannten Mix mit Likör aus schwarzen Johannisbeeren (Cassis). Mit Sprudel verdünnt wird daraus ein erfrischendes Getränk für alle Tageszeiten. Pur und unverdünnt über Süßspeisen geträufelt, gibt der Holundersirup Pfannkuchen, Obstsalat und Eis einen erstaunlichen kulinarischen Pfiff. Und sogar Fleischgerichte und Soßen kann man mit einem Schuss Holundersirup raffiniert abschmecken.

Den ersten Arbeitsgang erledigen wir auch hier wieder im Vorrübergehen: vom Spaziergang bringen wir zehn voll erblühte weiße Holunder-Dolden mit. Auch diese werden ausgeschüttelt und kurz abgebraust, der mittlere Stängel wird entfernt. Dann werden zwei Liter Wasser mit zwei Kilogramm Zucker aufgekocht, bis sich der Zucker vollständig aufgelöst hat. Zwei unbehandelte Zitronen werden in dünne Scheiben geschnitten. Aus der Drogerie besorgen wir zwanzig Gramm Zitronensäure. Nun kommen die Holunderdolden, die Zitronenscheiben und die Zitronensäure in ein großes Gefäß. Das kann ein großes Einmachglas sein oder ein Kochtopf. Alle Zutaten werden nun mit dem kochend heißen Zuckerwasser übergossen.

Das Gefäß wird zugedeckt und für fünf Tage an einen warmen Ort gestellt. Zimmertemperatur sollte es dort auf jeden Fall haben, wenn gelegentlich die Sonne draufscheint, schadet das nichts. Nach fünf Tagen ist das zarte, blumige Aroma von den Blüten in den Zuckersirup gewandert. Zusammen mit der Säure ergibt das einen sehr erfrischenden Geschmack. Nun wird alles durch ein feines Sieb hindurch abgegossen.

Der Sirup ist fertig. In diesem Stadium hält er sich im Kühlschrank ein paar Tage. Um ihn länger haltbar zu machen, muss er einmal kräftig aufgekocht und dann kochend heiß in sterile, also ausgekochte Flaschen abgefüllt und werden. Nicht vergessen, dass auch die Flaschenverschlüsse steril sein müssen, sonst kann es passieren, dass der Sirup nach ein paar Tagen zu gären anfängt.

Joghurt-Mousse

Einkaufszettel

für vier Personen:

Mousse:

- *Eine Vanilleschote*
- *300 Gramm halbfetter Joghurt*
- *drei Esslöffel Crème fraîche*
- *70 Gramm Puderzucker*
- *zwei Eiweiß*
- *Saft von einer halben Zitrone*
- *ein Becher Schlagsahne*
- *vier Blätter Gelatine*
- *zwei Schnapsgläser Orangenlikör*

Orangensoße:

- *Vier Orangen*
- *vier gehäufte Esslöffel Zucker*
- *zwei Schnapsgläser Orangenlikör*

Karamellisierte Mandeln:

- *50 Gramm Mandeln*
- *drei Esslöffel Zucker*

Diese Mousse ist schnell und ohne großen Aufwand herzustellen. Die Gelatineblätter werden in reichlich kaltem Wasser eingeweicht. Die genauen Hinweise dazu (Einweichdauer usw.) stehen auf der Packung. An diese Vorgaben hält man sich möglichst penibel, dann kann nach meiner Erfahrung dabei überhaupt nichts schiefgehen. Die Vanilleschote wird mit einem scharfen Messer der Länge nach halbiert, das Mark wird mit dem Messerrücken herausgestrichen und dann mit dem Joghurt, der Crème fraîche und dem Puderzucker in einer Schüssel mit dem Schneebesen gut verrührt, bis sich alles zu einer glatten, cremigen Konsistenz verbunden hat. Dann werden Eiweiß und Sahne steif geschlagen – beide natürlich getrennt voneinander, nicht zusammen.

Der Zitronensaft wird zusammen mit dem Orangenlikör erhitzt bis knapp unter dem Siedepunkt, dann wird die eingeweichte Gelatine dazugegeben und darin aufgelöst.

Diese Flüssigkeit wird in heißem Zustand langsam in die Joghurt-Masse gegossen und untergerührt, und das kräftig und mit dem Schneebesen, damit sie sich gut verteilt. Nun muss nur noch die geschlagene Sahne und der Eischnee mit einem Kochlöffel unter die Johgurt-Masse gehoben werden, so dass alles schön luftig, locker und leicht wird. Das war's auch schon. Den Rest der Arbeit übernimmt der Kühlschrank, wo die Mousse mindestens fünf Stunden lang abkühlen und fest werden muss. Natürlich kann man das alles auch am Vortag zubereiten und die Mousse über Nacht kalt stellen.

Auch die Orangensoße ist problemlos zuzubereiten:
Zwei der vier Orangen werden ausgepresst. Die beiden anderen werden geschält, in Schnitze zerlegt und dann schneidet man diese Orangenschnitze noch drei- oder viermal quer durch, so dass würfelförmige Orangenstückchen daraus werden. Nun wird der Zucker karamelisiert. Karamellisieren heißt: Der Zucker wird in einen Topf gegeben und auf dem Herd bei mittlerer Hitze geschmolzen, und zwar so lange, bis er die typisch karamellbraune Farbe angenommen hat. Dabei sollte man mit der Hitze wirklich vorsichtig umgehen. Heizt man zu stark, kann der Übergang von karamellbraun zu schwarz-verbrannt innerhalb von wenigen Sekunden passieren. Ein Vorsichts-Tipp am Rande: geschmolzener Zucker ist höllisch heiß, deshalb niemals mit dem Finger reinfassen oder gar den Kochlöffel, mit dem man umrührt, abschlecken. Das gibt sonst üble Brandblasen.

Sobald der Zucker die richtige Farbe hat, wird der Orangensaft dazu gegossen und dabei kräftig umgerührt, damit sich der Karamellzucker im Saft auflöst. Sofern der Karamellzucker durch das Zugeben des kalten Orangensaftes Klumpen bildet: kein Grund zur Panik, einfach den Topf auf dem heißen Herd stehen lassen, dann schmelzen die Zuckerklümpchen innerhalb weniger Minuten. Dann gibt man noch den Orangenlikör dazu und lässt das alles leicht blubbernd um etwa ein Drittel einkochen. Ganz zum Schluss gibt man die Orangenstückchen hinein, rührt um und lässt alles miteinander noch eine Minute durchziehen. Ob man diese Soße dann warm oder kalt zur Mousse isst, ist Geschmackssache.

Auf jeden Teller kommt dann ein Schlag von der Mousse und von der Orangensoße etwas drum herum.

Nun kann man, wenn man möchte, das alles noch toppen, indem man die Mousse vor dem Servieren noch mit kleinen Splittern von gehackten und karamelisierten Mandelsplittern bestreut. Diese Mandelsplitter herzustellen ist auch kein Hexenwerk und geht so:

Hierzu werden 50 Gramm Mandeln oder irgendwelche anderen Nüsse, die man gerade zur Hand hat, grob gehackt. Dann werden drei Esslöffel Zucker in einem Topf geschmolzen und kramellisiert (siehe oben). Sobald der Zucker anfängt zu bräunen, werden die Mandelsplitter hineingerührt und dann wird diese Masse sofort auf eine vorher mit Öl eingepinselte Alufolie geschüttet und flach verstrichen. Bei dem Öl sollte man eine Sorte mit möglichst wenig Eigengeschmack nehmen, also nicht unbedingt Olivenöl, sondern eher Sonnenblumenöl. Das Verstreichen auf der Alufolie muss ruck, zuck gehen, da der Zucker im Handumdrehen fest wird. Sobald diese Mandel-Karamell-Masse ausgekühlt ist, hebt man sie von der Folie ab und hackt sie mit einem Messer in kleine Stücke.

Kaiserschmarren

Einkaufszettel

für vier Personen:

Kaiserschmarren:

- *4 große oder 5 kleine Eier*
- *2 gehäufte Esslöffel zimmerwarme Butter*
- *2 Esslöffel Zucker (je nach Süßebedarf gehäuft oder gestrichen)*
- *2 Tassen Mehl*
- *1 Tasse mit einer Halbe-Halbe-Mischung aus Milch und Sahne*
- *1 Prise Salz*
- *ferner Butter zum Ausbacken und Zimtzucker zum Bestreuen*

Apfelkompott:

- *1 Kilogramm Äpfel*
- *Zucker*
- *Zitronensaft*
- *Zimt*

Der Kaiserschmarren ist eine so richtig schöne und altmodische Rezeptur, mit der man in der Küche nicht viel mehr Arbeit hat als mit einer Omelette. Ein selbst gekochtes Apfelkompott passt am allerbesten dazu.

Zunächst zum Kaiserschmarren: Die Eier werden getrennt und das Eiweiß wird zu einem steifen Eischnee geschlagen. In einer Schüssel wird die Butter mit dem Schneebesen schaumig gerührt – falls die Butter noch zu kalt und hart ist, taucht man die Schüssel kurz in ein Bad mit warmem Wasser. Dann gibt man nach und nach die restlichen Zutaten dazu, zuerst den Zucker, dann die Eigelbe, dann das Salz, dann die Milch-Sahne-Mischung und dann das Mehl, immer unter kräftigem Rühren mit dem Schneebesen, bis sich alles vermengt hat und eine lockere Masse entstanden ist, die in etwa die Konsistenz eines Pfannkuchenteiges hat. Das alles zusammen dauert rund zehn Minuten.

Zum Schluss wird der Eischnee mit einem Kochlöffel untergehoben und mit dem Teig vermengt, und das möglichst sachte, denn nur so bleibt die luftige Konsistenz erhalten, die dann auch den Schmarren leicht und locker werden lässt.

Nun wird in einer großen Pfanne etwas Butter erhitzt. Man gießt mit einer Schöpfkelle Teig hinein und verteilt ihn gleichmäßig. Der Teig darf ruhig so knapp einen Fingerdick in der Pfanne stehen. Man lässt ihn auf einer Seite gold-gelb backen. Dann wird gewendet, und während er auf der anderen Seite ausbäckt, zerpflückt man den Teigfladen mit zwei Gabeln oder mit einem Pfannenkratzer in mehrere kleine Stücke. Da der Teigfladen also ohnehin zerrupft wird, muss man auch beim Wenden keine Kunststücke vollbringen: wenn er dabei schon etwas in die Brüche geht, macht das gar nichts. Pro Seite dauert das Ausbacken nicht länger als drei oder vier Minuten. Der fertige Schmarren kommt auf eine Platte und zum warm halten in den Backofen, bis aller Teig auf diese Weise verarbeitet ist. Zum Schluss wird alles kräftig mit Zimtzucker bestreut.

Zum Apfelkompott: Natürlich ist die Versuchung groß, zum Fertigprodukt aus dem Glas oder dem Tetrapack zu greifen. Alleine ein Kilogramm frischer Äpfel kostet meist schon mehr als die gleiche Menge eines vorfabrizierten Industrieproduktes. Aber vom Geschmack her kann dieses dem selbst gekochten Kompott halt nie und nimmer das Wasser reichen. Zumal dann nicht, wenn es mit karamellisiertem Zucker angesetzt wird. Und das geht so:

Die Äpfel werden geschält, geachtelt und vom Kernhaus befreit. Dann kommen zwei gestrichene Esslöffel Zucker in einen Topf. Der Zucker wird nun karamellisiert, und dieser minimale Aufwand bringt geschmacklich eine ganze Menge. Hierzu kommt der Topf mit dem Zucker auf den Herd, und zwar bei mittlerer Hitze. Nach ein paar Minuten fängt der Zucker an zu schmelzen, und nochmals zwei bis die Minuten später fängt er an zu bräunen. Dabei muss man das Geschehen immer im Auge behalten, denn es geht zum Schluss ziemlich schnell, und im Nu ist der Zucker verbrannt. Deshalb auch lieber mit geringer Hitze arbeiten, dann geht zwar alles etwas langsamer, dafür aber auch sicherer über die Bühne. Sobald der Zucker eine bernsteinfarbene Bräunung angenommen hat, kommen die Apfelstücke und ein Schuss Wasser in den Topf, die Hitze reduzieren und kräftig umrühren, bis sich die Karamellmasse vom Topfboden gelöst und mit den Äpfeln verbunden hat. Das dauert etwa zwei Minuten. Nun lässt man alles noch eine Weile köcheln. Wie lange, ist reine Geschmackssache, denn manche mögen das Kompott noch schön stückig, andere wiederum völlig vermust. Ebenso individuell wird über den Zucker, der noch dran muss, entschieden, und auch mit der Flüssigkeitsmenge macht es jeder so, wie es beliebt. Ein Tipp am Rande: wenn man statt Wasser Apfelsaft nimmt, kommt das dem Geschmack durchaus zugute. Zum Schluss wird abgeschmeckt. Ein Schuss Zitronensaft und etwas Zimt schaden meistens nicht. Und eine Portion Schlagsahne rundet die Kombination aus Kaiserschmarren und Apfelkompott sehr angenehm ab.

Käsekuchen

Einkaufszettel:

- 200 Gramm zimmerwarme sehr weiche Butter
- 250 Gramm Zucker
- 2 Päckchen Vanillezucker oder zwei Esslöffel selbstgemachter Vanillezucker
- sechs Eier, Saft von ein bis zwei Zitronen
- 1 Prise Salz, ein Kilogramm Magerquark
- 100 Gramm Mehl
- ein Päckchen Backpulver
- Etwas Butter und Mehl für die Backform

Mit der Backerei habe ich normalerweise nicht allzu viel am Hut. Meine Skepsis gegenüber Backvorgängen hat einen simplen Grund: Man muss penibel wie ein Apotheker aufs Gramm genau die Zutaten zusammenrühren, denn wenn erst mal alles in der Form und diese im Backofen ist, kann nichts mehr korrigiert werden. Das ist beim Kochen ganz etwas anderes. Soßen kann man noch im letzten Moment den entscheidenden Kick geben, und selbst wenn man im Laufe des Kochens etwas vergessen hat, lässt sich das meistens noch korrigieren. Hat aber der Kuchenteig zuviel oder zu wenig Zucker, ist der Schaden irreparabel. Deshalb kommt mir Backen immer ein bisschen langweilig vor. Einerseits. Andererseits ist ein selbstgebackener Käsekuchen, noch handwarm verspeist, der pure Genuss. Und weil das folgende Rezept auch für Backlaien eine eingebaute Geling-Garantie hat, gibt es keinen Grund, sich diesen Genuss noch länger vorzuenthalten. Einfacher und schneller kann man diese allseits beliebte Kuchenvariante wohl kaum backen. Das Geniale an dem Rezept ist vor allem folgendes: man muss noch nicht einmal einen Teig für den Boden oder den Rand zubereiten, beides bildet sich aus der Quarkmasse sozusagen von alleine.

Die Butter und der Zucker werden zusammen schaumig gerührt. Das macht man am besten mit einem Handrührer und dauert nicht länger als drei bis vier Minuten. Wer die Küchenmaschine nimmt, sollte nicht den dicken Knethaken verwenden, sondern den dünnen Quirlhaken. Dann kommen die Eier dazu – eines nach dem anderen. Dann der Vanillezucker, die Prise Salz und der Zitronensaft. Wenn man den Saft von zwei Zitronen nimmt, bekommt der Kuchen eine deutlich säuerlich-frische Geschmacksnote. Wem das zu herb ist, nimmt etwas weniger. Das wird nun alles kräftig zusammengerührt. Wenn aus allem eine glatte, homogene Masse geworden ist, wird der Quark dazugegeben und mit dem Rührgerät weiter gerührt, bis die Masse wieder glatt ist. Dann werden hundert Gramm Mehl zusammen mit einem ganzen Päckchen Backpulver in die Masse gesiebt, und weiter geht es mit der Rührerei, bis man einen schön cremigen, glatten Teig hat. Seine Konsistenz sollte so dickflüssig sein, dass der Teig gerade noch so aus der Rührschüssel in die Backform gegossen werden kann. Ist er zu dick, kann man mit ein wenig Milch noch nachhelfen, im umgekehrten Fall mit einer Prise Mehl.

Dann wird eine Springform von 26 bis 28 cm Durchmesser ausgebuttert und leicht mit Mehl eingestäubt, und zwar sowohl der Boden wie auch der Rand. Nun wird die Kuchenmasse hinein gefüllt und glatt gestrichen. Und ab geht es in den auf 190 Grad vorgeheizten Backofen, untere Einschubleiste. Die Backzeit beträgt bei einer 28-cm-Form eine Stunde, bei einer 26-cm-Form fünf Minuten mehr, da hier die Teigmasse höher ist.

Und nun kommt noch ein kleiner Tipp, der das normalerweise starke mittige Zusammensacken eines Käsekuchens beim Abkühlen weitgehend verhindert. Zehn Minuten vor Backende nimmt man den Kuchen kurz aus dem Backofen und schneidet ihn mit einem spitzen Küchenmesser einen Zentimeter vom Rand entfernt ringsum etwa einen Zentimeter tief ein.

Nach dem Ende der Backzeit lässt man den Kuchen in der Form abkühlen. Ein zu frühes Entfernen der Form kann dazu führen, dass der Kuchen auseinanderbricht, was man ja nicht möchte. Am besten fährt man vor dem Öffnen der Springform mit einen dünnen Messer einmal innen am Rand entlang um sicherzustellen, dass nichts hängen bleibt.

Kirschplotzer

Einkaufszettel

für vier Personen:

Kirschplotzer:

- 500 Gramm Kirschen
- 80 Gramm weiche zimmerwarme Butter
- 3 Eier (Eigelb und Eiweiß getrennt)
- 100 Gramm Zucker
- 50 Gramm Semmelbrösel
- 40 Gramm gemahlene Mandeln
- zwei gehäufte Esslöffel geraspelte Schokolade oder Schokostreussel
- fünf Esslöffel Flüssigkeit, wobei ein bis zwei davon Kirschwasser sein sollten, der Rest kann normales Wasser sein oder, was sich auch recht gut macht, trockener Weißwein
- jeweils zwei Messerspitzen Zimtpulver und
- gemahlene Korianderkörner
- Ein Nuss großes Stück Butter und
- ein bis zwei gehäufte Esslöffel Semmelbrösel zusätzlich zum Ausbuttern der Backform

Vanillesoße:

- Ein halber Liter Milch
- eine Vanilleschote
- vier Eigelb
- 70 Gramm Zucker

Kirschplotzer beziehungsweise Kirschenmichel, wie er auch genannt wird, gehören in die Kategorie der Aufläufe. Und deshalb eignet er sich sowohl als Süßspeise und damit als vollwertige Hauptmahlzeit, aber genauso gut auch als Alternative zum Kuchen für die Kaffeetafel. Die folgenden Zutaten sind so berechnet, dass ein Kaffee-Kränzchen zu viert – ordentlich Schlagsahne als Zugabe vorausgesetzt – damit gut hinkommt. Wer den Kirschplotzer jedoch als ausgewachsenes Mittagessen servieren möchte, braucht für vier Personen die doppelte Menge und noch möglichst einen halben Liter Vanillesoße mit dazu.

Die Kirschen werden gewaschen, aber, das erleichtert die Arbeit, nicht entsteint. Dieser Hinweis ist keine versteckte Arbeitsbeschaffungsmaßnahme für Zahnärzte, er soll vielmehr verhindern, dass die Kirschen zuviel Flüssigkeit an den Teig abgeben, da sonst die ganze Sache Gefahr läuft, matschig zu werden. Aus dem selben Grund ist es wichtig, die Kirschen nach dem Waschen sehr gut abtropfen zu lassen.

In einer Rührschüssel wird die Butter zusammen mit dem Zucker mit dem Handrührgerät cremig-schaumig gerührt. Dann kommen die Eigelbe dazu, und zwar nicht alle drei gleichzeitig, sondern eines nach dem anderen, da nach jedem Eigelb immer wieder so lange weiter geschlagen werden muss, bis sich alles verbunden hat und die Masse wieder schön cremig geworden ist. Das liest sich aufwändiger als es ist, die ganze Prozedur dauert nicht länger als etwa zehn Minuten.

Die fünf Esslöffel Flüssigkeit werden über die Semmelbrösel gegeben, damit diese sich damit vollsaugen können. Dann kommen die Brösel, die Schokoraspel, die Mandeln sowie der Zimt und der Koriander in die Butter-Zucker-Eigelb-Masse – und alles wird mit dem Rührgerät untergerührt. Dann werden die Kirschen und zum Schluss das steif geschlagene Eiweiß mit einem Kochlöffel vorsichtig untergehoben.

Eine feuerfeste Form – eine runde Auflaufform eignet sich am besten – wird zuerst ausgebuttert und dann mit Semmelbröseln ausgestreut. Man nimmt also ein Stück weiche Butter und verreibt diese mit den Fingern gleichmäßig auf dem Boden und an der Wand der Auflaufform. Dann streut man Semmelbrösel hinein, so viele, wie an den gebutterten Flächen hängen bleiben. Dann wird die Kirschplotzer-Masse in die Form gefüllt und glatt gestrichen. Die Backzeit beträgt im auf 200 Grad vorgeheizten Backofen eine Stunde. Der Kirschplotzer wird dann mit einem großen Löffel portionsweise aus der Form herausgestochen. Lauwarm schmeckt er übrigens am besten.

Wer den Kirschplotzer als Hauptmahlzeit plant und eine Vanillesoße braucht: diese Soße muß nicht zwingend aus dem Päckchen kommen. Aber Vorsicht: die selbst angerührte schmeckt, da sie ohne alle künstlichen Aromastoffe auskommt, nicht ganz so penetrant vanillig wie ihre aufgedonnerte Schwester aus den Laboren der Lebensmittelindustrie. Und sie ist auch nicht ganz so quietsch gelb wie diese, da wir die Lebensmittelfarbe ganz einfach weglassen.

Die Vanilleschote wird der Länge nach halbiert. Mit dem Messerrücken wird das Mark heraus geschabt. Dann wird das Mark zusammen mit der Schote, die ja immer noch Geschmack abgibt, in die kalte Milch gegeben und aufgekocht. In dieser Zeit werden die vier Eigelbe zusammen mit dem Zucker mit dem Handrührgerät schaumig gerührt. Dann wird die heiße Vanillemilch ganz langsam und unter ständigem kräftigem Rühren in die Zucker-Ei-Masse eingerührt. Bei ganz schwacher Hitze – sie soll nicht mehr aufkochen lässt man die Soße unter gelegentlichem Umrühren noch zehn Minuten auf dem Herd ziehen. Dadurch dickt sie etwas an.

Träubleskuchen

Einkaufszettel:

Für den Teigboden:

- *100 Gramm Zucker*
- *200 Gramm Butter*
- *300 Gramm Mehl*
- *ein Ei*
- *zwei gehäufte Esslöffel gemahlene Mandeln*

Für den Belag:

- *Drei Eiweiße*
- *150 Gramm Zucker*
- *ein gehäufter Esslöffel gemahlene Mandeln*
- *250 Gramm rote Johannisbeeren*

Träubleskuchen – auf Hochdeutsch auch Johannisbeerkuchen – gehört unter den Obstkuchen zu meinen Favoriten. Vorausgesetzt, es handelt sich dabei um jene Variante, die als Basis einen zarten Mürbeteig hat und obenauf ein luftig-leckeres Nichts aus süßem Eischnee und säuerlichen roten Johannisbeeren. Ein nicht zu unterschätzender Vorteil dieses Kuchens: seine Zubereitung ist so einfach, dass er selbst mir als Back-Laien praktisch immer gelingt.

Wir beginnen mit dem Teig. Dazu braucht man keine Küchenmaschine, kein Rührgerät, keine Knethaken – nichts von alledem, nur die eigenen zwei Hände. Das Mehl, der Zucker und das Ei werden in eine Schüssel gegeben. Dann wird die Butter, die nicht zimmerwarm sein darf, sondern aus dem Kühlschrank kommen muss, mit dem Messer in kleine Stücke geschnitten und dazugegeben. Und nun wird mit den Händen alles zusammengeknetet. Dabei sollte man zügig arbeiten, denn je weniger der Teig von der Wärme der Hände abbekommt, desto besser. Profis halten ihre Hände vor dem Kneten sogar ein paar Minuten unter kaltes Wasser. Es gilt die Devise: lieber kurz und schnell kneten als langsam und lange. Sobald sich alle Zutaten zu einer homogenen Masse verbunden haben, wird der Teig zu einer Kugel geformt, in Klarsichtfolie gewickelt und 40 Minuten in den Kühlschrank zum Ruhen gelegt.

Sodann wird der Teig mit dem Wellholz zu einer etwa 0,5 Zentimeter dicken Platte ausgewellt. Damit wird der Boden einer Springform (Durchmesser 28 Zentimeter) belegt. Ein kleiner Rand sollte noch geformt werden, etwa ein bis zwei Zentimeter hoch. In vielen Backbüchern steht, Mürbeteig würde wegen seines hohen Butteranteils ohnehin nicht am Backblech festkleben, es sei deshalb überflüssig, die Backform noch auszubuttern. Diese Backbuchautoren habe ich schon heftig verflucht. Ich gehe immer auf Nummer sicher und belege den Boden der Springform vorher mit Backpapier und streiche den Rand noch leicht mit Butter ein. Nun werden mit einer Gabel noch etliche Löcher in den Teigboden gestochen (richtig durchstechen bis aufs Blech), damit er sich nicht aufwölbt, und ab geht es in den auf 190 Grad vorgeheizten Backofen, wo der Boden 25 Minuten vorgebacken wird. Während der letzten fünf Minuten streuen wir eine Schicht gemahlene Mandeln auf den Teigboden, damit diese noch etwas anrösten und somit mehr Geschmack bekommen. Dann die Backform aus den Ofen herausnehmen. Den vorgebackenen Boden in der Form lassen, denn mit ihr kommt er nachher zusammen mit dem Belag wieder in den Backofen zurück.

Nun ist der Belag an der Reihe: drei Eiweiße werden steif geschlagen. Dabei lässt man den Zucker ganz langsam während der Schlagens einrieseln. Wenn das Eiweiß steif ist, werden die gemahlenen Mandeln und die Johannisbeeren locker untergehoben. Wer die Beeren waschen will, sollte das so rechtzeitig machen, dass sie wieder trocken sind, wenn sie mit dem Eischnee vermischt werden.

Diese Masse wird nun auf den vorgebackenen Boden gefüllt. Dabei macht es sich gut, wenn man die Masse nicht ganz glatt streicht, sondern im Gegenteil eher so etwas wie eine zerklüftetes Gebirge formt. Das sieht zum Schluss irgendwie besser aus. Nun kommt der Kuchen in den wieder auf 190 Grad vorgeheizten Backofen. Nach zehn Minuten auf 160 Grad zurückdrehen. Nach 25 Minuten ist er fertig. Zumindest die Spitzen des Eischneegebirges sollten nun eine leicht bräunliche Färbung haben.

Besonders gut schmeckt der Kuchen, wenn er noch leicht warm auf den Tisch kommt. Auf jeden Fall sollte man ihn möglichst kurz vor dem Verzehr backen. Je länger er steht, desto mehr verliert der Mürbeteigboden seine wunderbare locker-bröselig-zarte Konsistenz, und es kann passieren, dass Saft von Beeren, die während des Backens aufplatzen, den Teigboden durchtränken, was den Genuss erheblich schmälert.

Dass dieser Kuchen nicht nur für die Kaffeetafel taugt, sondern auch ein toller Nachtisch ist, soll nur der Vollständigkeit halber erwähnt werden.

Zwetschgen-Crumble

Einkaufszettel:

- Ein Kilogramm Zwetschgen
- zwei bis drei gehäufte Esslöffel Zimtzucker

Für den Teig:

- 250 Gramm Mehl
- 50 Gramm gemahlene Mandeln
- 150 Gramm Zucker
- 150 Gramm Butter
- ein Eigelb
- zwei Messerspitzen Zimt
- eine Messerspitze gemahlener Kardamom
- Etwas Butter zum Fetten der Form
- Ein Becher Sahne
- Vanillezucker
- ein Glas Zwetschgenwasser

Zwetschgenkuchen mit einer Tasse Kaffee oder heißer Schokolade, das war und ist in Baden eine beliebte Hauptmahlzeit in den Sommermonaten. Zuvor kommt noch irgendeine Suppe auf den Tisch, und schon ist das Essen komplett. Nun kann ich zwar ganz ordentlich kochen, vom Backen verstehe ich jedoch so gut wie nichts. An einen Zwetschgenkuchen mit Hefeteig und allem Drum und Dran wage ich mich erst gar nicht heran. Trotzdem möchte ich die Zwetschgensaison nicht ungenutzt an meiner Küche vorbei rauschen lassen. Deshalb habe ich mich nach einem möglichst einfachen Backrezept mit leckerem, magenfüllendem Ergebnis bei gleichzeitiger Geling-Garantie umgesehen, damit auch völlige Back-Laien zu ihrem Erfolgserlebnis kommen. Gefunden habe ich das Rezept bei den Amerikanern, die vom Backen vermutlich auch nicht viel verstehen.

Das Ding heißt Zwetschgen-Crumble. Und dieser Crumble hat gleich mehrere überzeugende Vorteile. Den Teig zuzubereiten, geht ruck, zuck und ist wirklich ein Kinderspiel. Man muss dazu noch nicht einmal die Küchenmaschine anwerfen. Und das Endergebnis ist so schön saftig durchgezogen, dass es noch nicht einmal auffällt, wenn der Teig womöglich an der einen oder anderen Stelle noch nicht hundertprozentig durchgebacken sein sollte. Also ein Ideal-Kuchen für alle Anfänger und Stümper.

Wir brauchen eine feuerfeste Form aus Porzellan oder Glas, die einen drei bis vier Zentimeter hohen Rand haben sollte. Für die hier angegebenen Mengen passt eine Form mit einer Größe von etwa 25 mal 25 Zentimetern. Eine normale Backform (Springform) ist nicht zu empfehlen, da beim Crumble nicht die Zwetschgen auf den Teig kommen, sondern umgekehrt der Teig auf die Zwetschgen verteilt wird, und das heißt: Der Saft der Früchte wird nicht vom Teig aufgefangen und würde durch die kleinste Ritze der Backform wegfließen, und das soll nicht sein. Boden und Ränder der Form werden leicht ausgebuttert und mit einem Kilogramm halbierter und entsteinter Zwetschgen belegt. Eine Lage Zwetschgen genügt, sie sollten aber dicht an dicht liegen, nein, nicht liegen, sie sollten aneinandergereiht und aneinander gelehnt stehen. Je nach dem, wie süß die Früchte schon von Natur aus sind, muss noch ordentlich Zucker drauf, wobei Zimtzucker besonders gut passt.

Nun zum Teig: Alle Zutaten kommen zusammen in eine Schüssel, wobei man die Butter vorher in kleine Stücke zerteilt. Der Kardamom muss nicht sein, bringt aber ein feines Aroma an den Teig. Das alles zusammen wird nun mit den Fingern, genau genommen fast nur mit den Fingerspitzen, zusammen geknetet und zwar so, dass dabei nicht etwa ein homogener Teigbollen entsteht, sondern vielmehr einzelne Brösel herauskommen, die in etwa die Größe und Form von Streuseln haben sollten. Aber man muss das nicht besonders genau nehmen. Das ist in ein paar Minuten gemacht. Diese Bröselmasse wird nun gleichmäßig, etwa ein bis zwei Zentimeter hoch auf die Zwetschgen verteilt.

Nun muss das Ganze nur noch in den auf 180 Grad vorgeheizten Backofen, etwa 40 Minuten lang. Mit der Zeit steigt etwas Zwetschgensaft durch die Bröselschicht nach oben, das ist genau richtig. Wenn die Brösel anfangen zu bräunen, kann man die Backzeit als beendet betrachten. Das war's auch schon. Den Crumble herausnehmen und abkühlen lassen. Lauwarm schmeckt er ganz hervorragend. Dann ist alles noch ziemlich weich und die Zwetschgenmasse fließt noch etwas auf dem Teller. In diesem Stadium sollte man ihn portionsweise mit einem großen Löffel aus der Form nehmen. Man kann ihn aber auch vollkommen abkühlen lassen und sogar ohne Qualitätseinbuße einen Tag aufheben. Dann festigt sich alles, und man kann den Crumble wie einen Kuchen aufschneiden. Und dass ein ordentlicher Klacks Sahne dazugehört, versteht sich eigentlich von selbst. Diese wird mit Vanillezucker und einem Gläschen Zwetschgenwasser verfeinert.